轻读艺术史
趣游博物馆

博物馆里的
巅峰
对决

姜松

著

中国青年出版社

（京）新登字 083 号

图书在版编目 (CIP) 数据

博物馆里的巅峰对决 / 姜松 著 .
—— 北京：中国青年出版社，2017.4
ISBN 978-7-5153-4727-1

Ⅰ . ①博… Ⅱ . ①姜… Ⅲ . ①博物馆 – 藏品 – 介绍 – 世界 Ⅳ . ① K86

中国版本图书馆 CIP 数据核字 (2017) 第 073716 号

博物馆里的巅峰对决

著　　者：姜　松
责任编辑：李文华
装帧设计：大左左

出版发行：中国青年出版社
社　　址：北京东四 12 条 21 号
邮　　编：100708
网　　址：www.cyp.com.cn
编辑中心：010-57350504
营销中心：010-57350370
印　　装：北京方嘉彩色印刷有限责任公司
经　　销：新华书店
规　　格：710×1000　1/16
印　　张：17
版　　次：2017 年 5 月北京第 1 版
印　　次：2018 年 1 月北京第 2 次印刷
定　　价：68.00 元

本图书如有印装质量问题，请凭购书发票与质检部联系调换　联系电话：（010）57350337

前言

　　这是我的第二本关于博物馆的书了。之前写的《博物馆里的活色生香》受到大家的喜爱，让我很受鼓舞，也坚定了我用讲故事的方式把博物馆之美介绍给大家的信心。

　　博物馆（museum）起源于西方，本意指缪斯神庙，即供奉主司科学和艺术的缪斯女神（muses）的地方。人们把杰出的艺术和科技作品集中供奉于此，还有专人整理、研究，久而久之，就形成了今天掇菁撷华的博物馆。

　　然而，博物馆并不仅仅是经典作品的收藏所，因为上千年的斗转星移、沧海桑田，这里已经沉淀了太多的历史传奇。不同国家、不同城市的不同博物馆之间，发生了时空的交汇，因着不同的藏品和它们的创作者之间的各种因缘际会，使博物馆交织成了一个万花筒般的奇境，可以让我们从不同的角度领略经典之作不同的美。

　　本书所选取的角度，是我在流连于西方宏伟的古典建筑和琳琅满目的博物馆时常常被触动的，那就是艺术大师们灵魂碰撞与巅峰对决的故事。艺术是传承和创造的过程，每一位大师和他们的名作都不是凭空产生的，而是在一次次的否定、冲突、辩论与竞争中迸发的灵感火花。是"巅峰对决"造就了艺术经典，也推动了艺术的发展演变。

书中选取了五对西方艺术史中顶尖的大师，在讲述他们使出浑身解数"斗法"的同时，介绍分析了他们的代表作，帮助您了解历史背景，关注艺术风格的演变，也知道从哪些方面欣赏大师们的作品。

这是一场从文艺复兴到后印象派、从地中海到北欧、上下六百年纵横数千里的艺术之旅。愿"巅峰对决"这条路径，能引导您轻松深入博物馆的奇妙世界。

姜松

2017 年春于北京

听本书作者语音导读，
获取高清名画细节详解，
加入艺术发烧友交流圈，
晒晒你的文艺范儿。

目　录

03 绝代双骄争辉罗马：
贝尔尼尼 VS 波洛米尼

04 主义之争论战巴黎：安格尔 VS 德拉克洛瓦

05 相惜相依相争相离：梵高 VS 高更

01

文艺复兴的
第一场对决

相关博物馆及其收藏

佛罗伦萨巴杰罗博物馆：《以撒献祭》

佛罗伦萨圣若望洗礼堂：北门和东门

佛罗伦萨主教堂博物馆：佛罗伦萨主教堂穹顶模型

吉贝尔蒂

VS

布鲁内莱斯基

1401 年，佛罗伦萨的多事之秋。头一年的黑死病刚造成五分之一的城市人口死亡，此时米兰大公吉安·维斯康提（Gian Galeazzo Visconti）的军队又围困了佛罗伦萨。吉安是一个残暴的独裁者，一路烧杀掳掠，接连攻陷了比萨、锡耶纳，佛罗伦萨眼看也在劫难逃。

此时，一位托斯卡纳隐士的预言应运而生：只要大家像《旧约》里用儿子以撒献祭的亚伯拉罕一样虔诚地信仰上帝，上帝就会像拯救以撒一样拯救佛罗伦萨。当地最有影响力的洗染商业行会（Arte del Calimala）听到这一消息后，立即决定捐款重修圣若望洗礼堂，以祈求上帝的救赎。

洗礼堂相当于佛罗伦萨的凯旋门，其重要地位和象征意义毋庸置疑。洗染商业行会"摆擂台"重金招标，要重铸洗礼堂的青铜大门，以一年为限。各路英雄纷纷摩拳擦掌跃跃欲试，其中就有本文的主人公洛伦佐·吉贝尔蒂（Lorenzo Ghiberti，1378-1455）和菲力波·布鲁内莱斯基（Filippo Brunelleschi，1377-1446）。他们年龄相仿但性格悬殊，前者为人随和，心思缜密，也比较工于心计；后者则性情刚烈，孤僻多疑，我行我素。最后的比拼就在这二人之间展开，有艺

建造哥特式米兰大教堂的吉安·维斯康提画像

维斯康提家族纹章

术史专家认为，他们的对决是文艺复兴（视觉艺术）的开始。

青铜之争难分高下

（佛罗伦萨巴杰罗博物馆：《以撒献祭》/ 佛罗伦萨圣若望洗礼堂：北门和东门）

作为同时代最杰出的两位艺术大师，吉贝尔蒂和布鲁内莱斯基第一回合的较量是以《以撒献祭》的故事为题材，各自制作一幅青铜浮雕，用以装饰洗礼堂的青铜大门。《圣经·创世纪》中记载：上帝为了试探亚伯拉罕的忠心，让他用亲生儿子以撒做祭祀品，奉献给上帝。于是亚伯拉罕带着以撒上了山，让两个仆人和驴子在山下等候。就在他举刀砍向祭台上的以撒的瞬间，天使阻止了他。原来这是上帝导演的一出戏，目的是试探亚伯拉罕是否虔诚，真正的祭品其实是天使带来的一只羔羊。《以撒献祭》的故事正好迎合了佛罗伦萨人当时的心境，即希望在"瘟疫"和"战争"的灾难即将灭顶之时，上帝能够出手相救。

吉贝尔蒂在投入工作之初就同时展开了公关工

提香的《以撒献祭》

卡拉瓦乔的《以撒献祭》   伦勃朗的《以撒献祭》

作，时常征求 34 名评委甚至路人对他作品的意见，并几易其稿。而布鲁内莱斯基则把自己藏了起来，他一生最忌讳别人偷窃他的创意，笔记都用密码书写，据说他还是欧洲申请专利的第一人。一年之后，两人毫无悬念地杀入决赛，可评委们面对这两件旷世名作却犯了难。

按要求，在宽 38 厘米、长 45 厘米的尺幅中，需有条不紊地安排如下内容：亚伯拉罕父子、祭坛、天使、两个仆人、一头驴、一只羔羊和山峦景物，还要运用浮雕的深浅来表现透视关系。我们这就到佛罗伦萨巴杰罗博物馆（Museo dell Bargello）欣赏一下这两件青铜浮雕作品。

从构图上来说，吉贝尔蒂用一条山梁将画面分割成为左

右两部分，上虚下实，布局稳重，背景留白，虚实
结合。特别值得一提的是，他设计天使从云中仅露
出半个身子，好像要从作品里探身钻出，极富立体感。
这可以说是吉贝尔蒂的"大招"，被他在后来的作
品中反复利用。而布鲁内莱斯基的构图是以燔祭台
为中心，向四周发散构图，四角填满，守旧而无创意。

吉尔贝蒂在圣若望洗礼堂东门的浮雕上多次运用"探身"大招

吉贝尔蒂的《以撒献祭》

布鲁内莱斯基的《以撒献祭》

吉贝尔蒂塑造的以撒（左）借鉴了一尊古希腊雕塑（右）。这个雕塑以其收藏人高第命名，被称作"高第躯干"（Gaddi Torso），是古希腊人体塑像的代表作，现藏于佛罗伦萨的乌菲兹博物馆

　　从人物造型上说，吉贝尔蒂借用了一尊古希腊（公元前 2 世纪）雕塑的躯干造型来塑造跪在燔祭台上的以撒，颇有张力。在这之前近千年的中世纪艺术中，人物都是僵直地站立着的，直到吉贝尔蒂这一代艺术家们逐渐发现了古希腊人体塑像之美，开始借鉴其灵活扭动的姿势，才无意中拉开了"文艺复兴"的序幕。

　　布鲁内莱斯基的人物造型也可圈可点：父亲流畅的衣饰，儿子扭转的身躯，天使紧掣父亲举刀的手肘，把亚伯拉罕的一片忠心和紧张的戏剧性一瞬都完美地表达出来了。而画面左下角的仆人正安静小憩，与中心人物的激烈动作形成静动对比，妙趣

布鲁内莱斯基完美表现了天使阻止亚伯拉罕手刃以撒的紧张时刻

布鲁内莱斯基塑造的仆人（左）也借鉴了一尊古希腊雕塑（右）。该雕塑名为《拔刺男孩》（Lo Spinario），现藏于罗马卡皮托里尼博物馆

横生。

　　要说不足，这两件作品都各有败笔。吉尔贝蒂设计的亚伯拉罕体态比较保守，给人感觉犹豫不决，拖泥带水，没有突出"信仰坚定"；天使看上去已经拦不住亚伯拉罕的利刃了，难怪布鲁内莱斯基第一眼看到此作品就阴阳怪气地说："以撒不在了"。另外，按照《圣经·创世纪》记载，上帝要求亚伯拉罕进行燔祭，即把祭品杀了之后再烧成灰，可吉尔贝蒂的作品中以撒身下的祭台是一个实心的石台而不是火炉，可见不够"忠实于原著"。在这个细节上，布鲁内莱斯基就还原得比较好——燔祭台的火炉里火苗正旺。

吉尔贝蒂的败笔之一：亚伯拉罕体态保守，给人感觉信仰不够坚定，而且天使离得太远，似乎来不及阻止以撒被杀

吉尔贝蒂的败笔之二：燔祭台是实心的，并非火炉　　　布鲁内莱斯基创作的燔祭台小火炉火苗正旺

　　不过，布鲁内莱斯基的作品在情节上也有一处硬伤：据
《圣经·创世纪》记载，亚伯拉罕在带以撒上山前对仆人们
说，你们和驴在此等候……也就是说，仆人们和驴待在山下，

布鲁内莱斯基的败笔之一：
仆人看到了祭台上发生的
一幕

圣若望洗礼堂北门的浮雕，可以看出其外框与比赛作品《以撒献祭》的相同

根本不知道山上要发生什么事情，更不可能像作品表现的那样就待在祭台旁。尤其是右边喝水的仆人，居然转头偷窥，属于强行加戏，用力过猛。

对于这两件作品孰优孰劣，34名评委各执一词争执不下，最终由洗染商业行会定夺。行会询问了各自的报价，最终，吉贝尔蒂的作品因一次浇注且用铜量少省钱而胜出。

关于这次巅峰对决的裁决经过，其实是众说纷纭。吉贝尔蒂在自传《纪事》（Ghiberti's Commnetarii）中称，"所有专家和参赛选手都为我的胜出喜极而泣"；而传记作家马内蒂的《布鲁内莱斯基》记载，评委深深为布鲁内莱斯基的作品所震撼，但为了平衡关系，恳请他和吉贝尔蒂同时承接工程，而心高气傲的布鲁内莱斯基断然拒绝了。无论如何，此后，吉贝尔蒂接下了够吃一生的大单——为圣若望礼拜堂制作两扇青铜大门（北门和东门）上的浮雕，就此谱写了他艺术生涯中最绚烂的篇章。

最后，就像隐士所预言的一样，米兰大公吉安·维斯康提在胜利的前夜突发高烧，一周后竟不治身亡，战争随之结束。上帝又一次拯救了"以撒"。

圣若望洗礼堂东门

圣若望洗礼堂北门

竞标穹顶东山再起

（佛罗伦萨主教堂：佛罗伦萨主教堂穹顶）

在洗礼堂青铜大门竞赛项目落败之后，布鲁内莱斯基远走罗马 15 年。他流连于古罗马宏伟建筑的废墟之间，潜心学艺，一心想着东山再起，并实现他自孩童时就树立的一个梦想——为佛罗伦萨主教堂建造"大圆顶"。

中世纪的意大利很像我们的春秋战国时期，城邦林立。自 13 世纪以来，各城邦掀起了一股建造大教堂的热潮，用以展示自身的强大。繁荣兴盛的佛罗伦萨共和国更是在"形象工程"上不遗余力。

1296 年，在建筑师阿诺尔福·迪·坎比奥 (Arnolfo di Cambio) 的主持下，佛罗伦萨大教堂正式动工。经过近百年几代人的建设，总平面图几经修改，面积也越来越大，大到连教堂已完成部分所沿用的当时流行的哥特式风格也显得不合时宜了。哥特一词（Gothic）原指北方的野蛮民族哥特人，后来借指落后的日耳曼地区的建筑形式，意为夸张与失衡，起初是一个贬义词。当时，由于佛罗伦萨的宿敌法国、米兰等专制地区哥特式建筑大行其道，如何用庄严的建筑新语言来体现自己共和体制的优势，就成了佛罗伦萨人心心念念要解决的问题。他们把目光投向了古希腊和罗马，决定采

哥特式风格的代表性建
筑——米兰大教堂，是
世界第二大教堂，建于
1386 年至 1897 年

哥特式风格的代表性建
筑——锡耶纳主教堂，
建于 1136 年至 1382 年

用其简约和谐的几何型圆拱样式。

但是不久，难以逾越的难关使大教堂被迫停了工。大穹顶的尺寸是史无前例的，这么大的跨度如何防止坍塌？如何将成千上万吨的建材吊举到几十米的高空？还有，要构建如此巨大的脚手架，就是把全意大利所有的森林都伐光也不够用啊！于是大教堂变成了"露天剧场"，冬漏冷雨夏晒骄阳，人们只能期待着有朝一日天降奇才，以解其困。

布鲁内莱斯基从小就生长在这无顶的教堂边，他知道如果谁能够建造出穹顶，谁就创造了人间神话。这一终极挑战也正是他流连罗马 15 年的原因，他希望在古罗马建筑废墟中找到答案。终于，他等待已久的机会来了！

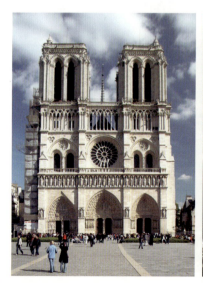

哥特式建筑（左）与古罗马式建筑（右）

　　1418 年 8 月 19 日，佛罗伦萨发布了一则招标公告：以 200 弗洛林金币为冠军奖金（相当于高级技工两年的工资），征集大教堂的穹顶方案。竞标者要制作出穹顶模型，还要找出可以解决多项工程难题的方法。布鲁内莱斯基如期参赛，发现竞争者中赫然出现了老对手的名字：吉贝尔蒂！托斯卡纳战云密布。

　　其实，这项工程对于这两人来说都是跨学科的巨大挑战：他们同为金匠出身，换言之，属于艺术专业人才，而建造穹顶需要的是建筑工程学、力学、地质学、机械制造、数学等理工科的知识。特别是布鲁内莱斯基，他是完全的新手，毫无建筑工程经验，所以，当他说不需要任何地面支撑的木质脚手架就可以悬空完成穹顶时，被评委斥为天方夜谭。评委要求布鲁内莱斯基详细说明他的计划，却遭到了拒绝，原因是他"怕别人偷学了他的创意"！双方争执不下，有一次，布鲁内莱斯基还被几个人抬着抛出门外，被辱骂成"口齿不清的蠢驴"。为了说服评委，布鲁内莱斯基与评委打赌：谁能把一枚鸡蛋立在光滑的大理石桌面上，穹顶工程就由谁来主持。大家争相试手却无人成功，最后布鲁内莱斯基出马，把鸡蛋一头磕碎并立了起来，周围立即传来一片"无赖""骗子"的骂声。布鲁内莱斯基则不慌不忙地回答：如果我告诉你们穹顶的秘密，就像"立鸡蛋"一样，谁都学得会。

　　这时，一位特殊市民打破了僵局，他就是艺术史上大名

鼎鼎的赞助人乔万尼·德·美迪奇（Giovanni di
Bicci de' Medici）——独具慧眼的商人兼银行家。
几年前，他曾经把赌注押在一个做过海盗的主教科
萨（Cossa）身上，资助他一路登上了教皇宝座，
成为约翰二十三世。作为回报，教皇委托美迪奇家
族管理教皇的资产，使美迪奇银行遍布欧洲。这一次，
他又看好了这位其貌不扬的金匠，力主评委会信任
布鲁内莱斯基。这无疑又是一场豪赌！

相对于布鲁内莱斯基的一波三折，吉贝尔蒂的
比赛过程可谓一路顺风。他自从赢得了洗礼堂青铜
大门的项目以来，声望如日中天，订单源源不断。
娶妻生子买房置地，小日子也过得红红火火。他对
于建筑并没有什么过人的见解，可作为托斯卡纳地
区的艺界"大佬"，不得不在这次万人瞩目的竞赛
中为荣誉一搏。

评委会终于宣布了竞赛结果：布鲁内莱斯基与
吉贝尔蒂并列第一！两人同为主建筑师，主持穹顶
工程。由于评委会没有得到有关工程的进一步说明，
200 弗洛林奖金暂不颁发。历史总是惊人的相似，
十几年前的一幕重演了！然而，历尽坎坷的布鲁内
莱斯没有像上次一样一走了之，他知道穹顶是他一
生的追求，除了忍辱负重完成使命，他已无路可退。

乔万尼（上）及其子柯西莫（下），美迪
奇王朝的"拓荒者"，布鲁内莱斯基的两
任靠山

令人遗憾的是，两人当年制作的砖制模型早已失传，所幸布鲁内莱斯基制作的 1：12 的木制模型今天还完好地保留在佛罗伦萨主教堂博物馆中（Museo dell'Opera del Duomo）。这座在现在看来普普通通的模型，其实是创造性地解决了当时的诸多世界性难题的。1420 年，中国的紫禁城完工，永乐皇帝迁都北京；同一年，佛罗伦萨主教堂穹顶工程开工。我们这就去看看布鲁内莱斯基是如何终结对手，完成"不可能完成"的任务的。

布鲁内莱斯基制作的 1：12 的木制穹顶模型，佛罗伦萨主教堂博物馆收藏

佛罗伦萨主教堂剖面图

　　布鲁内莱斯基面临的第一大挑战是设计起重机械。主教堂的穹顶要建在一个几近完工的基座上（人称"鼓形座"），高度为 42 米。如何将建穹顶所需的 3.7 万吨材料和 4 万余块砖吊举到这一高度，是当时工程要攻克的第一道难关。传统的办法是建造一个巨轮，由人在内部踩动巨轮，再将巨轮连接到滑轮装置上，从而把建筑材料吊起来。可是，这种滑轮装置根本不适用于穹顶工程，因为一是吊装高度不够高，二是吊装量太小。思索准备了多年的布鲁内莱斯基此时稳稳地拿出了一套前无古人的起重装置设计：牛拉吊车。

　　这套装置的创新之处是：在"工"字状立轴上有 B、

传统滑轮装置示意图

C 两个齿牙相对的小齿轮，可以分别与右侧的大齿轮 A 相咬合。当要起吊重物时，牛拉动立轴使下面的齿轮 B 与齿轮 A 咬合，带动滑轮机关将重物吊起。可是如何把吊上去的空篮子放下来呢？牛是不会倒着走的，要是每次都要等卸下牛轭再调转牛头，工地上几百号人就得眼巴巴地干等着了。因此，牛拉吊车设计的巧妙之处就是"工"字立轴可以上下移动，当货物吊上屋顶后，向下移动立轴，让齿轮 C 与齿轮 A 咬合，这样牛还是按照同一个方向运动，空篮子就被放了下来（就像现在汽车离合器的正挡和倒挡一样）。这在当时无疑是领先时代的创举，人们成群结队地来工地参观这一惊世发明。

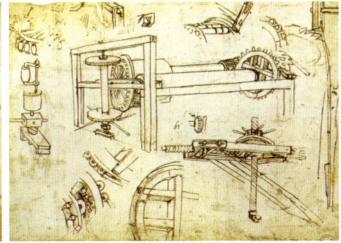

牛拉吊车示意图

佛罗伦萨主教堂夜景

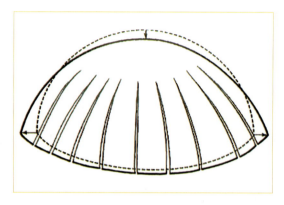

箍环应力会使穹顶变形

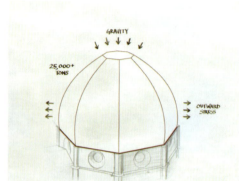

穹顶受力示意图

工程处向布鲁内莱斯基颁发了 100 弗洛林的奖金，他的声誉也与日俱增。对手吉贝尔蒂因在工程机械方面毫无建树而逐渐被边缘化。

　　布鲁内莱斯基面临的第二大挑战是解决箍环应力的问题。这是一个建筑力学的概念，指穹顶除了受到自身向下的重力外，还有一个向侧面的应力——箍环应力。就像用手向下按气球时球体就会向两边膨胀一样，这个应力会使穹顶外扩、开裂，最后导致坍塌。千年前的古罗马万神庙使用了近 7 米厚的水泥墙来化解侧向应力，但此时这一经验无法借鉴，因为鼓形基座已经建好，其厚度无法抵消巨大穹顶造成的箍环应力。

　　为防止屋顶变形，哥特式建筑的经验是使用飞扶壁（flying buttress），即在穹顶外部用斜向梁加以支持。可在当时的佛罗伦萨人看来，飞扶壁就像一个丑陋的符号，是典型的北

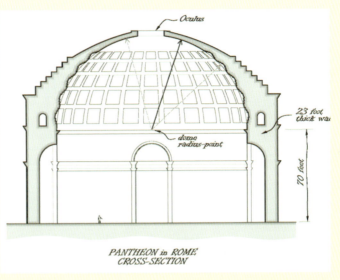

古罗马万神庙剖面图

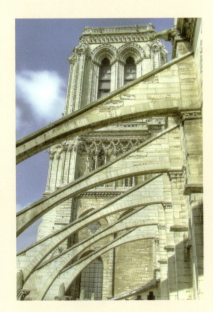

巴黎圣母院的飞扶壁

米兰大教堂繁杂的飞扶壁

方野蛮人的代表，"象征专制制度的哥特主义"；只有古典的建筑元素才真正配得上繁荣开放的共和国，那就是古希腊罗马风格，其中就包括大穹顶。

其实早在工程动工的几十年前就有人提出，像制造木桶时用铁丝箍住木条一样，用石链从内部将穹顶箍牢。只不过当时无人能将此想法付诸实施。布鲁内莱斯基又一次发挥其天才的创造力，设计出了四条环绕穹顶的石链。就在安装石链的关键时刻，布鲁内莱斯基忽然"身患重病"，工程戛然而止。原来是他听说"甩手掌柜"吉贝尔蒂与自己拿同样多的工资（每年 36 弗洛林），内心大为不悦，因此才决定把装病进行到底。于是，工程处万般无奈之下做出了两项决定：暂停吉贝尔蒂的工资；布鲁内莱斯基年薪改为 100 弗洛林。总工程师的病瞬间痊愈。

以往在建造拱形建筑时，需要用木条搭建"拱鹰架"（centering），等黏合砖石的灰浆干固后，再行拆除。可是

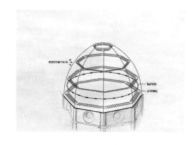

穹顶内的石链示意图

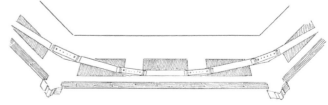

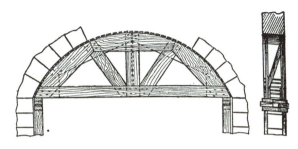

供鹰架示意图

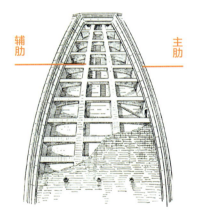

辅肋　　主肋

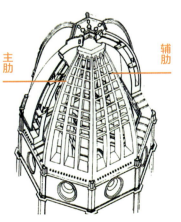

主肋　　辅肋

主教堂的穹顶太大了，直径长达 43.6 米，整个意大利也无法提供这么多搭建拱鹰架所需的木材。况且，即便建好了拱鹰架，也无法保证其能够承受如此巨大的重量而不变形，就连拆卸巨型拱鹰架也是一件极其危险的工作。那么，如何在毫无支撑的情况下建造大穹顶呢？布鲁内莱斯基终于祭出了他一直守口如瓶的两大绝招：建造内外两层穹顶和"鱼骨形砌砖法"（herringbone pattern）。

其实穹顶并不是圆形的，而是由 8 个弧形立面组成的椭圆尖顶。布鲁内莱斯基为内层穹顶设计出 8 条主肋和 16 条辅肋，与横梁组成网状结构。这样，垒砌的砖块就可以分散受力，使结构更加稳固。8 个立面由 8 组工匠同时施工，最后在穹顶顶部汇合。

由于穹顶有弧度，因此在砌砖时，每一块都要与地面形成一定的倾斜度。在穹顶底部，倾斜 30° 角时

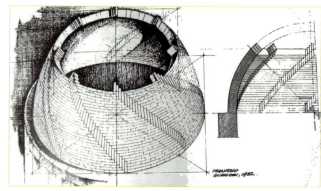

"鱼骨形砌砖法"示意图

的摩擦力可保证砖块不会下滑；穹顶超过 21 米后，弧度徒增；而接近顶部时，每块砖与水平线之间的角度甚至达到了 60°。如何保证砖块不脱落可以说是对工程的终极挑战。布鲁内莱斯基独家首创的"鱼骨形砌砖法"（又称"人字形砌砖法"）惊艳登场了。具体来说，就是在每 5 块横着砌的砖两边竖着各砌一块砖（就像用书挡紧紧夹住 5 本书一样），然后用泥浆黏合，这样砖墙即使倾斜也不会发生坍塌了。

当然，要说服高空作业的泥瓦匠们也不是一件容易的事。2013 年 1 月，佛罗伦萨考古人员在大教堂附近发现了一个 3 米深的"枯井"，后来被证实是 500 年前大教堂穹顶的模型。这个模型清楚地展示了"鱼骨形砌砖法"，很有可能是布鲁内莱斯基为了说服工人而事先做的一个实验品，目前已经整体陈列于佛罗伦萨主教堂博物馆内。

1436 年，历时 13 年的穹顶主体工程顺利完工，佛罗伦萨人像庆祝节日一样欢庆、赞美他们的英雄布鲁内莱斯基和他的杰作。10 年之后（1446 年），布鲁内莱斯基去世，被埋葬在圣母百花大教堂内。1972 年人们重新安葬了他的遗骸，发现他身高 1.63 米，可脑容量大得惊人，或许也只有这样的天才才能完成那几乎不可能完成的使命吧！

能与之一较高下的吉贝尔蒂逝于 1455 年，死前完成了洗礼堂东门的青铜浮雕。这组浮雕共 10 幅画板，内容涵盖了《圣经·旧约》的重点人物故事，被米开朗基罗盛赞为"天堂之门"。吉贝尔蒂用自己的头像做了门把手，像是在守护这扇"天堂之门"，更像是在昭示自己的著作权，再一次展示了他的"高情商"。

佛罗伦萨主教堂博物馆收藏的穹顶"鱼骨形砌砖法"模型

02

跨越时空
余音缭绕

相关博物馆及其收藏
佛罗伦萨艺术学院画廊：《大卫像》
佛罗伦萨维奇奥宫：《大卫像》《安吉亚里之战》
巴黎卢浮宫：《夺旗》
福克郡霍克汉姆宫：《卡西纳之战》

达·芬奇

VS

米开朗基罗

15、16 世纪的佛罗伦萨是一个开风气之先的地方，人们扬弃旧传统探索新理念，毫不吝啬地赞美自己心目中的英雄。无论是已经有所成就的大家，还是初出茅庐的新手，都被这种崇尚新知的社会氛围激发了无穷的创造力。这也是为什么佛罗伦萨成了文艺复兴的发源地，引领艺术风尚达两个世纪之久。为了赢得家乡父老的认可，艺术家们使出浑身解数施展才华，激烈缠斗，其中又以两位被公认为我们这个星球有史以来最伟大的艺术家的巅峰对决最难解难分。他们就是莱昂纳多·达·芬奇 (Leonardo Da Vinci, 1452- 1519) 和米开朗基罗 (Michelangelo di Lodovico Buonarroti Simoni, 1475-1564)。

明日之星强势崛起

（佛罗伦萨维奇奥宫 / 佛罗伦萨艺术学院画廊：《大卫像》）

1500 年，在吉贝尔蒂与布鲁内莱斯基为圣若望洗礼堂青铜大门而战的整整一百年后，另一场竞标正在紧锣密鼓地进行着，标的是利用一块被前人凿废的巨大的大理石塑造《圣经》中大卫的形象。

达·芬奇在米兰圣母感恩修道院中的壁画《最后的晚餐》

米开朗基罗的《哀悼基督》，现存于梵蒂冈圣彼得大教堂

人们一心盼望着意大利地区最顶尖的艺术家达·芬奇能够参与竞标，因为他刚刚完成了米兰圣母感恩修道院中的壁画《最后的晚餐》，声誉达到了顶峰。

与此同时，一位二十多岁的年轻人高调宣称自己是唯一有能力完成大卫雕塑的人选。他就是在罗马完成了第一个里程碑式的作品《哀悼基督》（Pietà）的米开朗基罗，被视为冉冉升起的明日之星。

　　两人的第一次会面是在一个叫作"大锅联盟"（Company of the Cauldron）的艺术家私人聚会上。这个联盟的创始人是青铜雕塑家鲁斯蒂奇（Giovanni Francesco Rustici），他定期组织顶级艺术家的聚会，参加者每人提供一款创意菜（食雕作品），一边狂欢一边讨论艺术，直到喝"断片儿"了为止。也不知有多少达·芬奇和米开朗基罗捏的"糖人儿"被大家给饕餮了。

　　聚会时大家自然谈论起竞标的事情来。达·芬奇义正辞严地宣布弃权，原因是"只有绘画才是优雅的，真正代表着艺术。大理石雕刻不是什么体面的工作，交给满脸石屑一身臭汗的'民工'吧。雕塑就只有用青铜才是正理，才可以与绘画相媲美。"达·芬奇知道今晚买单的鲁斯蒂奇是玩儿青铜的（给群主一个面子），但他不知道墙角还坐着一个玩儿大理石的青年，此时已经咬碎了钢牙……

　　这次不愉快的相遇还仅仅是两人冲突的开始。米开朗基罗随后顺利中标，用了三年的时间（1501-1504）完成了大卫雕塑。他打破了在这个题材上前人塑造大卫砍下哥利亚人头的惯例，破天荒地表现他临危不惧、审慎而果敢的迎战瞬间。人们被《大卫像》惊人的古典之美所震慑，把它视为力量、勇气和不畏强权的象征。佛罗伦萨人甚至把《大卫像》完成的时间作为一个新时代的起点，坊间闲谈中常会有"某件事发生在'大卫'之前一年"的说法。荣耀与赞美也随之而来，米开朗基罗的声誉如日中天。

　　最初计划放置《大卫像》的地方是在圣母百花大教堂的屋顶，

《大卫像》原作，现藏于佛罗伦萨艺术学院画廊

但完工后人们才发现，要把高 5 米、重 6 吨的雕像吊举到如此的高度，实在是无法完成。因此市政府特别召开了听证会，请专家们讨论摆放巨像的地点。会上达·芬奇首先发言，主张将《大卫像》放在维奇奥宫边角的凉廊里，认为这样能使雕像免于日晒雨淋。但这个建议无疑激怒了米开朗基罗，他抱怨达·芬奇是因为嫉妒自己才试图将《大卫像》放在一个不起眼的背阴处。会议讨论的结果是将《大卫像》摆在维奇奥宫的入口。维奇奥宫又名"老宫"，这座建于 1299 年的地标性建筑是佛罗伦萨的市政厅，那是一个至关重要的场所，也是米开朗基罗的心仪之处。第一回合米开朗基罗小胜。

《大卫像》最终被摆在维奇奥宫门口。1873 年原作被挪放保存在佛罗伦萨学院画廊，之后维奇奥宫门口展示的《大卫像》是 1910 年的复制品

最初计划中将《大卫像》摆放在圣母百花大教堂的屋顶

维奇奥宫夜景

短兵相接意外停火

（维奇奥宫五百人大厅：《安吉亚里之战》/《卡西纳之战》）

春风得意了不到几天的米开朗基罗突然被另一个消息惊呆了：市政府竟然出资一万弗洛林金币聘请达·芬奇在维奇奥宫的五百人大厅绘制一幅壁画。要知道，他费了无数心血的《大卫像》的酬金才400弗洛林！他找到了当时的佛罗伦萨共和国首脑索德里尼（Piero Soderini）讨个说法。索德里尼的正式称谓

（左）佛罗伦萨共和国首脑索德里尼画像

（右）文艺复兴时期流通的弗洛林金币，是当时西地中海地区和西欧通行的货币

为正义旗手（Gonfaloniere di Giustizia），为人公正无私，他安慰米开朗基罗说，达·芬奇是公认的意大利第一画家，他的《最后的晚餐》有口皆碑，酬金是公道的。这句话对于自视甚高的米开朗基罗来说无疑是迎面一盆冰镇老陈醋，他当即表态，要在达·芬奇对面的墙上作画，与老家伙公开对决。

此时的达·芬奇已经着手绘制他的壁画草图了。壁画描绘了一场佛罗伦萨与米兰的战争——《安吉亚里之战》（The Battle of Anghiari），用以纪念佛罗伦萨共和国的独立。草图公布后佛罗伦萨又一次沸腾了，人们的注意力迅速从《大卫像》转到了壁画上。这件作品不论是从画

达·芬奇与米开朗基罗巅峰对决的"战场"——维奇奥宫的五百人大厅

幅面积、人物数量还是从题材的难度上，都超越了米兰的那幅《最后的晚餐》，并且在万众瞩目下已经渐入佳境。

如果您以为一万弗洛林金币的天价酬金就能使达·芬奇老老实实地完成壁画工程的话，那就大错特错了。促使他工作的唯一动力只有巨大的好奇心和探索未知领域的冲动。达·芬奇除了在绘画界"孤独求败"之外，还在音乐、建筑、数学、解剖学、生理学、天文学、气象学、地质学、地理学、物理学、光学、力学、土木工程和城市规划等学科卓有建树。他的发明包括飞行器、直升机、汽车变速箱、坦克、潜艇、机器人、多管大炮……他还擅长书写，用左手以镜像反写字体（mirror-image cursive）书写的笔记总共 13000 页（多半遗失）。

达·芬奇笔记中的飞机和坦克的设计稿

　　达·芬奇的缺点是极度"老年多动症"，做事虎头蛇尾，缺乏耐心。他现存的不到 20 幅绘画作品中，至少有 4 幅是半成品。原因是他喜欢挑战，能预知结果的事往往令他兴味索然，半途而废；兴趣太多也让他难以专注于把手头的事做完。比如：因创作湿壁画要在墙上的泥灰完全干透之前一气呵成地绘制完成，否则等颜料变干后会产生色差并无法更改，而达·芬奇不喜欢这种失控感，因此他在绘制《最后的晚餐》时，就采用了掺杂蛋彩和牛奶的颜料，等待泥灰变干后再作画。结果是整幅画作还没有全部完成，颜料就开始剥落，加之五百多年中的湿气对壁画造成了更大面积的破坏，现在壁画中达·芬奇的手迹已

后人根据达·芬奇的笔记复制出的机器人模型

经是斑斑驳驳。

在创作《安吉亚里之战》壁画的过程中，达·芬奇又搞起了实验，尝试复活一种古代失传的绝技——热蜡法（Encausto）。即将加热的蜡和蜂蜜掺杂到颜料中，据说这样会使绘制出来的形象更加流光溢彩，明艳照人。

达·芬奇《最后的晚餐》手迹

达·芬奇在墙上每添一笔都会吸引来更多人的关注，也使米开朗基罗迅速地被边缘化。不服输的米开朗基罗一边慨叹佛罗伦萨人"喜新厌旧"，一边抱着历史书寻找创作灵感，蓄势反攻。当他读到 1364 年 7 月 28 日发生在佛罗伦萨与比萨之间的一场战争中士兵们由于暑热难耐而脱去盔甲作战时，眼前一亮："没穿铠甲！太棒了！"酷爱并擅长刻画男性裸体的米开朗基罗当即决定：就画这一段儿了！

从谋篇布局、设计人物姿态到起草素描图，米开朗基罗一气呵成。当他手捧着这幅巨大的《卡西纳之战》（Battle of Cascina）初稿展示给索德里尼时，对方被画作雄浑激荡的气势震撼得难以自持，当即表示要提请议会审议，把五百人大厅的另一面墙交给米开朗基罗。提案很快被通过，酬金为 3000 弗洛林。这让米开朗基罗略感失望，不过，对于一位才二十几岁的青年来说，这在当时已经是最高的酬金了。米开朗基罗开始在自己的工作室里进一步完善素描草稿，他要在近 7 米高的墙面上作画，每个人物至少 3

古埃及木乃伊棺木中发现的热蜡法人像

米高，因此他的宣传口号是：把 20 个"大卫像"集于一墙！

　　工作室每天都吸引来众多看客，其中就包括拉斐尔·桑琪奥（Raffaello Sanzio）和他的恩师佩鲁吉诺（Pietro Perugino）。佩鲁吉诺看到草图后勃然大怒，声称裸体太多简直是伤风败俗，据说他看过此画后竟然大病一场。拉斐尔私下与米开朗基罗解释：老师看到你的作品中有太多的"绘画新语言"，唯恐自己有生之年也无法超越，因而顾影自怜。5 年后（1510 年），拉斐尔在梵蒂冈绘制壁画《雅典学院》，创造了一个以米开朗基罗为模特的人物，以示心中的敬意。

　　与此同时，佛罗伦萨城也像开了锅似的沸腾起来，大家都三五成群地议论着这次空前绝后的对决。支持达·芬奇的人认为他德高望重、阅历丰富且亲历过战争，热蜡法更是流

拉斐尔（左）和佩鲁吉诺（右）

拉斐尔的《雅典学院》前排中间托腮的人物就是以米开朗基罗为模特的

拉斐尔画的朱利叶斯二世画像

光溢彩前所未见，必定胜过从无壁画经验的新手米开朗基罗。支持米开朗基罗的人则认为一个《大卫像》就能与达·芬奇打成平手，这回是 20 个，准赢！

　　达·芬奇开始在实地从下往上作画。由于油质颜料中掺有蜂蜜和蜡，画彩干燥的速度很慢，一旦墙上的颜料画厚了，就会往下滴流。为了加快其干燥，性急的达·芬奇命人抬来两个炭火炉，就这样边烤边画。而此时米开朗基罗突然接到了新任教皇朱利叶斯二世（Pope Julius Ⅱ）的宣召，让他立即启程去罗马为教皇设计陵墓，不得不暂停了壁画的工作。

一年之后（1506 年），米开朗基罗因与教皇发生冲突，就私自跑回佛罗伦萨，准备继续完成与达·芬奇的角逐。当他来到维奇奥宫时，却不由得大吃一惊。原来，达·芬奇完成了墙面下部的绘画后，便搭起了脚手架以继续在墙面上部创作，两个炭火炉也被抬上了脚手架。可能是火炉距离壁画过近，或者是烤炙时间过长，某日，突然轰隆一声，下部已经完成的壁画瀑布般急泻而下（应该是蜡被烧化了），达·芬奇的一腔心血化为了一地油污！经过了一年的辛苦却功亏一篑，达·芬奇欲哭无泪，身心疲惫的他从此再没有动过画壁画的念头。出于同情，米开朗基罗真诚地向达·芬奇致以慰问，并表示没有了达·芬奇的壁画，自己也失去了进一步创作的兴趣。这场万众瞩目的巅峰对决就这样戛然而止了。不幸中之万幸，这两件旷世杰作的草图及临摹版还存于世间，两人的对决又以另一种形式延续了下来。

后人临摹战火延绵

（巴黎卢浮宫：《夺旗》/ 诺福克郡霍克汉姆宫：《卡西纳之战》）

达·芬奇未完成的壁画《安吉亚里之战》引来了众多的临摹者，而在众多的复制品中，公认的最传神的作品出自另

鲁本斯临摹的《安吉亚里之战》局部，现存于巴黎卢浮宫

一位大师彼得·保罗·鲁本斯（Peter Paul Rubens）之手。

据说鲁本斯是仿照其他的临摹品绘制成此画的，其实这只是达·芬奇整幅壁画的一小部分，俗称《夺旗》。画中四位骑士为争夺一面旗帜而绞裹成一团。左边的两人代表敌方的米兰军队，是父子俩，儿子弗朗西斯·皮奇尼诺（Francesco Piccinino）反背旗杆，父亲尼科洛（Niccolò Piccinino）怒吼着高举军刀。因为米兰是当时的盔甲制造中心，故两人都

身着装饰繁复的重甲。右边的两位骑士代表佛罗伦
萨联军，右二的人物仅仅露出侧脸和一只持刀的手
臂，不过他却是佛罗伦萨军队的总指挥路德维柯·特
雷维桑（Ludovico Trevisan），一位学识广博的
神学家。而最右边双手夺旗的是塔兰托的王子乔万
尼，效力于佛罗伦萨联军的那不勒斯贵族。

达·芬奇画的尼科洛表情素描稿

　　据史料记载，这场发生在 1440 年 6 月 29 日
的战争虽然激烈但并不血腥，只有一人因坠马而亡。
参战的军人都是职业雇佣军，大家点到为止，有限
的火器攻防，高效的盔甲防护，即便被俘也可以交
赎金后走人。而随后的战争因大量使用火器而造成
重大人员伤亡，难怪人们一再感叹古代骑士精神的
沦丧。达·芬奇曾亲历过战争，这使他更能抓住战
场上最紧张激烈的时刻来表达，比如鲁本斯临摹的
这段《夺旗》。为了完成这幅壁画，达·芬奇还投
入了大量精力去研究战马的姿态和人物的神态等细
节，绘制了很多素描稿。从这些素描稿可以看出，
达·芬奇的构图错落有致，繁而不乱，比米开朗基
罗的《卡西纳之战》更胜一筹。

曼坦尼亚绘制的路德维柯·特雷维桑画像

　　鲁本斯的临摹图虽然体现了达·芬奇这幅画作
的上述特点，但他无法再现达·芬奇的"制胜大招
儿"：晕染法（Sfumato）。Sfumato 在意大利

语中最初的含义是"烟雾"，引申为"轮廓模糊、气氛朦胧"的意思。简单来说，晕染法就是消除轮廓线的一种画法。通常画家在打底稿时会用碳棒勾勒出所画物体的轮廓，待色彩被一层层添加后，最后再用深色线条重新勾画轮廓，使之更加清晰。而达·芬奇认为，轮

达·芬奇的《安吉亚里之战》素描稿

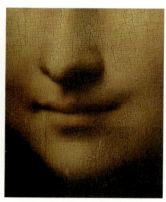

波提切利的维纳斯（左）与达·芬奇的蒙娜丽莎（右）的脸部比较，清楚反映了有无轮廓线的区别

廓线在自然界中并不存在，真实地反映自然就要去除轮廓线。他用画笔甚至手指将这些轮廓线涂抹掉（这就是为什么许多达·芬奇的作品都留有其指纹的缘故），使边界模糊不清，以达到更加真实的视觉效果。

晕染法使达·芬奇的作品呈现出一种神秘的氛围，一经出现就引发了轰动。不过想要运用这种画法，绘画技巧一定要过硬，否则所描绘的形象就会一团模糊。像梵高这种没怎么接受过正统绘画训练的画家，又受到东方装饰画风格的影响，就喜爱运用勾勒轮廓线的画法。梵高在绘画技巧上肯定不如与他同时期的学院派"学霸"，可是他引领了崭新的绘画风格，这在后面的章节再详述。

和达·芬奇不同，米开朗基罗从未经历过战争，很难像

达·芬奇的晕染法图例

达·芬奇那样刻画出激烈的战斗场面。他在设计《大卫像》时就曾经一反常规地选择大卫临战前的一刻而不是大卫砍下哥利亚头颅的场景来塑造人物，这一次他又故技重演，场景定格在开战之前的河边。当时佛罗伦萨的士兵们正在河里洗澡，被比萨敌军偷

梵高画作中的轮廓线

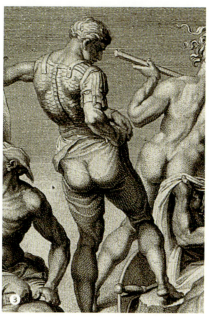

袭而匆忙应战。结果是佛罗伦萨士兵顶住了第一波强攻，稳住阵脚后以完胜告终。米开朗基罗此前从未涉足壁画领域，于是他机智地运用他在雕塑方面的特长，利用扭转腾挪的男性裸体来体现临战的紧张气氛。他塑造的人物中有的正从河里迅速爬上岸①，有的手指敌人进攻的方向大声向同伴报警②，有的正在匆忙中披戴盔甲③，还有的正费劲地试图穿上湿淋淋的裤子，令观者都禁不住脚趾头用力④。

可以说，作为雕塑家的米开朗基罗在这幅壁画中把刻画人体姿态的技巧发挥得淋漓尽致，画中的20个人物动感十足，单独来看都是完美的人像经典。可是，比起老练的达·芬奇那富于韵律、错落有致的构图而言，在总体布局上还是略逊一筹。

在他的"平面化构图"里，米开朗基罗早期喜欢布置出

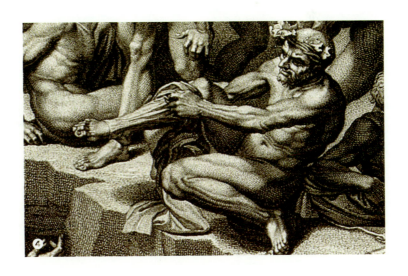

现存最完整的《卡西纳之战》的临摹画，作者小桑加洛并不出名，而他的叔叔、建筑师朱莉亚诺·桑加洛则是一位文艺复兴时期的名人，也是米开朗基罗的少数挚友之一

米开朗基罗的人像素描手稿

姿态纷繁的人体。他 17 岁的作品《野蛮人之战》（ Battle of the Centaurs ）就是一堆姿势各异的人体，富于动态和层次感，给人以很强烈的视觉冲击。他在西斯廷教堂画天顶壁画时，起手的第一幅《诺亚方舟》又呈现出了相似的特点：众多的裸体人物相拥相簇。

米开朗基罗 17 岁时的作品《野蛮人之战》

　　逐渐地，他使场景中的人物数量越来越少，人物的面积却越变越大，从而使雕塑之美得到淋漓尽致的展示。例如在他的西斯廷天顶壁画中，后期绘制在四周的先知像就比先期绘制在中部的《圣经》故事人物体量大，也更有美感和感染力。

　　假设米开朗基罗有机会在维奇奥宫实地完成壁画，他就有可能展示他的"独门奇术"——虹彩法（Cangiante）。Cangiante 在意大利语中原为"改变"

西斯廷教堂天顶上第一幅完成的壁画《诺亚方舟》，人物数量最多，体量最小。随后画中人物逐渐减少，体量增大。最后才画的先知像是天顶画中人物体量最大的，富于雕塑之美

（左）Cangiante 一词常用来形容在不同光线下颜色变幻的丝绸

（右）西斯廷天顶壁画中先知但以理的衣袍是"虹彩法"的代表

的意思，后引申为使用不同的色相来体现光影和透视（用于服饰居多）。以西斯廷天顶画中先知但以理的衣袍为例：光亮处使用明黄，阴影处则是暗绿，一件衣服出现了两种颜色。Cangiante一词还时常用来形容丝绸，因为丝绸会随着光线的变幻而产生不同的色相。这种明艳张扬的用色配以古典而张力十足的人物姿态，造就了米开朗基罗作品的"雄浑之美"。

余音缭绕待现真迹

（维奇奥宫五百人大厅：《安吉亚里之战》）

　　达·芬奇的《安吉亚里之战》残图在维奇奥宫的墙壁上保存

乔治奥·瓦萨里画像

《艺苑名人传》1568 年版本的封面

了近 60 年，1555-1572 年大厅被重新装修，壁画从此杳无踪迹。负责这次装修的是米开朗基罗的门徒兼密友乔治奥·瓦萨里（Giorgio Vasari）。圣母百花大教堂穹顶的壁画《最后的审判》和乌菲兹博物馆等许多建筑的设计就出自他之手。而他最为突出的贡献是撰写了堪称首部艺术史专著的《艺苑名人传》（Lives of the Most Excellent Painters, Sculptors, and Architects, from Cimabue to Our Times）。"文艺复兴"一词最早就是他在书中提出的。

1563 年，瓦萨里在五百人大厅的装修中绘制了 6 块巨型壁画和 39 幅天顶壁画，描绘了佛罗伦萨历史上发生的重大事件和人物，所以人们普遍认为达·芬奇的壁画被瓦萨里覆盖而永远消失了。但是，一位来自美国加州圣地亚哥大学的意大利籍教授塞拉奇尼（Maurizio Seracini）却有着不同的见解。他曾听他的老师卡洛·佩德雷蒂（Carlo Pedretti）讲过，瓦萨里在 16 世纪的大修工程中曾经至少三次秘密保存下了前人的遗作，最有名的是瓦萨里在新圣母教堂（Basilica of Santa Maria Novella）内马萨乔 (Masaccio) 的《圣三位一体》（Holy Trinity）壁画外建造起一面新的墙壁，用以绘制自己的作品。人们在 1860 年重修新圣母教堂时才意外发现这个秘密。由此推测，作为达·芬奇的

瓦萨里的《马西亚诺之战》中有一面写着"寻找就有发现"的绿旗，被视为追踪达·芬奇遗作《安吉亚里之战》是线索

铁杆粉丝，瓦萨里很可能在五百人大厅内故伎重演，大师"失去的珍宝"也许就藏匿于某面墙壁之后。

　　塞拉奇尼抱着坚定的信念在五百人大厅内反复研究，终于在 1975 年找到了一个惊人的发现：在瓦萨里一幅名为《马西亚诺之战》(Battle of Marciano)的壁画中有一面小绿旗，上面写着"cerca trova"两字（意为"寻找就有发现"）。这面绿旗距地面 12 米高，观众很难看到上面的文字。塞拉奇尼推断，这也许就是寻找遗珍的线索。

　　时间到了 21 世纪，科技的进步推动了寻找的进程。塞拉奇尼通过激光探测仪对墙体进行扫描后发现：瓦萨里的壁画后面的确存在着另一面墙，两墙之间有 1-3 厘米的空隙。这个消息立刻震惊了世界——如果能够找到达·芬奇消失了500 年的壁画，那将是本世纪最令人兴奋的发现之一。2011

年底，经过塞拉奇尼的不懈努力，佛罗伦萨市政府终于同意在瓦萨里的壁画上钻孔，以便把微型摄像机穿过小孔做进一步的探寻。塞拉奇尼原计划在不同的位置打 14 个钻孔，但遭到了意大利文物部门的坚决反对。经过艰苦磋商，最终他获许开 6 个钻孔，且位置必须在壁画的裂隙处。

然而不久，钻孔的消息不胫而走，报纸头条皆是"抗议为了寻找假设的达·芬奇而毁坏瓦萨里！"的大标题。意大利政府在巨大的舆论压力之下无限期中止了这个项目。沮丧的塞拉奇尼只打了 6 个钻孔，前几个几乎毫无发现，但在最后时刻，他从伸入钻孔的摄像机内发现了涂料的踪迹！经过取样分析发现，那是棕、黑色两种颜料，成分与达·芬奇的《蒙娜丽莎》《施洗者圣约翰》所用的颜料配方相同！

时至今日，达·芬奇消失了 500 年的杰作还没有重现于天下，但它尚存于世的可能性极大。奇迹是否会出现，达·芬奇和米开朗基罗的巅峰对决是否会最终落幕，我们将拭目以待。

工作中的塞拉奇尼教授

附：达·芬奇作品概览

　　达·芬奇位列"文艺复兴三杰"之首，一生画作却不多，以油画、蛋彩画和壁画为主，当中还有一部分未完成。至于手稿、素描底稿和雕塑作品，由于属于图书馆或私人收藏，此处就只介绍最知名的部分。

　　达·芬奇在画布和墙壁上的作品（不包括手稿、素描稿），公认为真迹的总共 19幅。其中巴黎卢浮宫就收藏了将近三分之一，包括 5 幅真迹和 1 幅有争议作品。佛罗伦萨乌菲兹美术馆藏有 3 幅，伦敦国家画廊和圣彼得堡埃尔米塔什博物馆分别藏有 2 幅，其他的零散分布于米兰、慕尼黑、华盛顿等地。最不容易看到的是位于波兰克拉科夫恰尔托雷斯基博物馆的《抱银貂的女士》和米兰圣母感恩修道院的《最后的晚餐》——需网上预约，现场只能停留 15 分钟。

1. 巴黎卢浮宫

《岩间圣母》
（*Virgin of the Rocks*）
1483–1486

《美丽的费隆妮叶夫人》
（*La belle ferronnière*）
1496-1497

《伊莎贝拉·埃斯特肖像》
（*Portrait of Isabella d'Este*）
1499-1500

《圣母子和圣安妮》
（*The Virgin and Child with St. Anne*）
1508-1517

《蒙娜丽莎》
（*Mona Lisa*）
1503-1516

《施洗者圣约翰》
（*St. John the Baptist*）
1508-1516

《酒神巴库斯》
（*Bacchus*）
1503-1516

有争议，可能为其工作室
学徒的复制品

卢浮宫收藏的达·芬奇素描

2. 佛罗伦萨乌菲兹美术馆

《圣母领报》
（*The Annunciation*）1473-1474

《耶稣受洗》
（*The Baptism of Christ*）1476
画左边的小天使出于达·芬奇之手，其他部分由其
老师韦罗基奥完成

《三王来拜》
（*Adorazione dei Magi*）1479-1481
未完成

乌菲兹美术馆收藏的达·芬奇素描

3. 圣彼得堡埃尔米塔什博物馆

《柏诺瓦的圣母》
（*Benois Madonna*）1478-1480

《哺乳圣母》
（*Madonna Litta*）1490

4. 伦敦国家画廊

《岩间圣母》
（*Virgin of the Rocks*）1503-1506
达·芬奇本人与徒弟（Ambrogio
de Predis'）共同完成

《圣家族》
（*The Virgin and Child with St Anne and St
John the Baptist*）1400-1500

《托比利亚和天使》
（*Tobias and the Angel*）1470-1475
达·芬奇绘制了鱼和小狗（已经褪色），其
他部分由其老师韦罗基奥完成

5. 慕尼黑老绘画馆

《康乃馨圣母》
（*Madonna of the Carnation*）1478

6. 苏格兰国家画廊

《纺锤圣母》
（*The Madonna of the Yarnwinder*）1501
达·芬奇与学徒合作完成

7. 华盛顿国家画廊

《德本奇画像》
（*Ginevra de' Benci*）1474-1478

《抱婴圣母》
（*The Dreyfus Madonna*）1475？
有争议，也被认为是韦罗基奥作品

8. 梵蒂冈博物馆

《荒野中的圣杰罗姆》
(*St. Jerome in the Wilderness*) 1480
未完成

9. 米兰盎博罗肖图书馆

《音乐家画像》
(*Portrait of a Musician*) 1490
未完成

10. 克拉科夫恰尔托雷斯基博物馆

《抱银貂的女士》
(*Lady with an Ermine*) 1490

11. 米兰圣母感恩修道院

《最后的晚餐》
（*The Last Supper*）1495-1498

12. 帕尔马国家画廊

《乱发》
（*La Scapigliata*）1508

13. 米兰斯福尔扎城堡

《天轴厅天顶画》
（*Sala delle Asse*）1498

14. 都灵皇家图书馆

《自画像》
(*Portrait of a Man in Red Chalk*) 1512
有争议

15. 罗马博尔盖塞美术馆

《圣家族》
(*Madonna and Child
with St Joseph*) 1499

有争议，传统观点认
为是弗拉·巴尔托洛
梅奥（Fra Bartolomeo）
的作品，但画上发现了
达·芬奇的指纹

16. 威尼斯学院美术馆

男人像
(*Portrait of a Man*) 1503

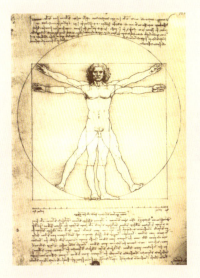

《维特鲁威人》
(*Vitruvian Man*) 1492

17. 伦敦大英博物馆

达·芬奇的素描

私人收藏的达·芬奇作品（很多有争议）

《纺锤圣母》
（*Madonna of the Yarnwinder*）
多幅有争议摹本存世，美国私人收藏

《救世主》
（*Salvator Mundi*）
美国私人收藏，确认为原作

《相拥圣婴》
（*The Holy Infants Embracing*）
有多幅，有争议

《骑手》
（*Horse and Rider*）
英国私人收藏，有争议

《抹大拉的玛利亚》
（*Mary Magdalene*）
瑞士私人收藏，有争议

《艾尔沃斯蒙娜丽莎》
（*Isleworth Mona Lisa*）
瑞士私人收藏，有争议

《自画像》
（Lucan portrait of Leonardo da Vinci）
意大利卢卡尼亚博物馆收藏，有争议

《美丽公主》
（*La Bella Principessa*）
美国私人收藏，有争议

达·芬奇的手稿

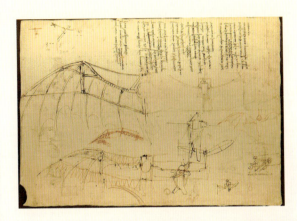

《大西洋手稿》
（*Codex Atlanticus*）
米兰安布罗齐亚纳美术馆

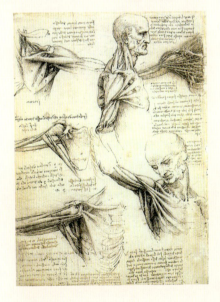

《温莎手稿》
（*Codex Windsor*）
伦敦温莎堡

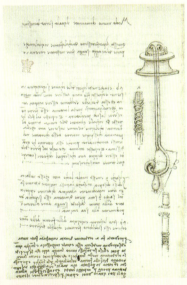

《阿伦德尔手稿》
（*Codex Arundel*）
伦敦大英图书馆

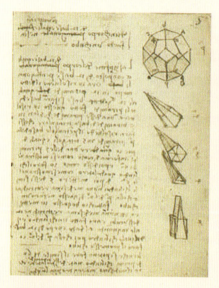

《佛斯特手稿》
（*Codex Forster*）
伦敦 W&A 博物馆

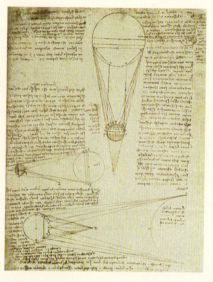

《莱斯特手稿》
（*Codex Leicester*）
私人收藏（比尔·盖茨）

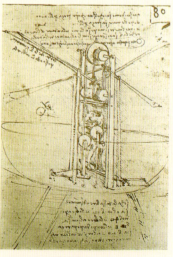

《巴黎手稿》《艾仕本罕手稿》
（*Paris Manuscripts Codex Ashburnham*）
巴黎法兰西学会

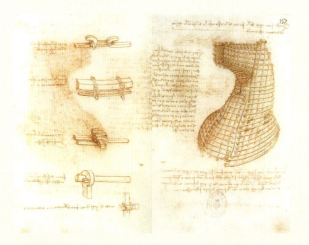

《马德里手稿》
（*Codex Madrid*）
西班牙图书馆

《鸟类飞行手稿》
（Codex on the Flight of Birds）
都灵皇家图书馆

DISEGNI
CHE ILLUSTRANO L'OPERA
DEL
TRATTATO DELLA PITTURA
DI LIONARDO DA VINCI
TRATTI FEDELMENTE
DAGLI ORIGINALI DEL CODICE VATICANO.

ROMA
MDCCCXVII.

《绘画论》
（*Trattato Della Pittura*）
于 1817 年被人无意中在乌尔比诺图书馆发现，又名《乌尔
比诺手稿》（Codex Urbinas），现藏于梵蒂冈。右图为 1817
年出版物的封面。

03

绝代双骄
争辉罗马

贝尔尼尼

VS

波洛米尼

　　傅雷曾说过："罗马是贝尔尼尼的罗马。"因为那里到处装点着巴洛克大师贝尔尼尼的杰作。然而，如果没有他的"死对头"波洛米尼的强力角逐，罗马这个战场也不会如此壮丽辉煌。

　　今日的罗马街头，贝尔尼尼和波洛米尼的很多作品还成双成对地矗立着，仿佛在讲述着这对冤家争斗的往事。但硝烟散尽后，他们留下的艺术经典是那样的伟大庄严，并且相映生辉。

天赋异禀年少成名

（罗马博尔盖塞美术馆：《阿波罗和达芙妮》）

　　吉安·洛伦佐·贝尔尼尼（Gian Lorenzo Bernini，1598-1680）出生于那不勒斯，父亲是一名小有成就的雕塑家。他8岁就随父亲来到罗马，在父亲的言传身教下学习大理石雕塑。贝尔尼尼性格开朗，极具艺术天赋，在罗马上流社会渐渐长大的他也是仪态端庄，风流倜傥，讨人喜爱。

　　优越的成长环境使贝尔尼尼年纪轻轻就遇到了他人生当中的第一位贵人——红衣主教西皮欧内·博尔盖塞（Scipione

博尔盖塞家族的纹章被筑成
建筑物上的浮雕和天花板上
的装饰

Borghese）。西皮欧内的舅舅是教皇保罗五世，他从小跟随舅舅，甚至丢弃了父姓，改姓舅舅的姓氏博尔盖塞，并逐渐成了罗马最有权势最富有的人。西皮欧内最大的爱好就是收藏艺术品，并把他的住所装点成了罗马最顶尖的博物馆——博尔盖塞美术馆（Galleria Borghese）。这位主教的纹章是雄鹰和龙，至今在罗马的主要景点中还随处可见。

酷爱艺术的西皮欧内招揽了一批优秀的艺术家，对年轻的贝尔尼尼更是青睐有加。在第一次看到贝尔尼尼的画稿时，他就断言又一个米开朗基罗将横空出世。贝尔尼尼也没有辜负这一期许，为他的金主创作了一组雕塑，其中最著名的就是至今还展示在博尔盖塞美术馆的《阿波罗和达芙妮》（Apollo and Daphne）。

这尊雕塑的题材来自古罗马诗人奥维德的《变形记》（Metamorphoses）：某日，太阳神阿波罗看到小爱神丘

博尔盖塞美术馆的镇馆之宝《阿波罗和达芙妮》

比特手持弓箭，就训以"小孩子怎么能玩儿这个呢，管制凶器啊，太危险"之类的话。而丘比特回以"biu！biu！"两箭，金箭射中阿波罗，使他见到下一个女人时就会立即堕入爱河；铅箭射中了河神之女达芙妮，使她无比厌恶将要遇到的男人。不久两人就会面了，爱得无法自拔的阿波罗拼命追逐着宁死不从的达芙妮。最终，在父亲河神佩纽斯的帮助下，筋疲力尽的少女变成了一棵月桂树。绝望的阿波罗将挚爱的桂树枝做成了桂冠，用以嘉奖他管辖领域（诗歌、音乐、医药……）的佼佼者。

贝尔尼尼在构思这尊雕塑时，没有沿袭前人古典主义的规则——平稳的均衡、永恒的静止，而是使用了巴洛克的新手法——强调动感，突出戏剧化的"一刹那"。阿波罗追逐的姿态、飘舞的衣带、飞扬的头发，与达芙妮挥舞于空中的双手、扭曲幻化成桂树的身体组成了一个立体的 S 形，螺旋向上，与古典雕塑的四平八稳截然不同。特别值得称道的是，贝尔尼尼准确抓取了故事的三个高潮瞬间：其一是阿波罗追赶上了达芙妮的瞬间，他的左手已经接触到了少女的身体①；其二是达芙妮用尽最后的力气腾身跃起的瞬间，她已高于阿波罗并悬于空中②；其三，也是最富于戏剧化的瞬间：达芙妮幻化成桂树，树叶从她的手指、发间生出，树皮蹿出地面覆盖了她的下身，她的脚趾也长出树根……③

　　除此之外，贝尔尼尼还在同一块大理石上表现了不同物体的质感：皮肤的光润、斗篷的飘逸、树皮的坚硬、叶片的柔嫩……将他的雕塑天赋表现得淋漓尽致。24岁的贝尔尼尼以这一组雕塑"秒杀"了所有竞争者，从此在雕塑领域一生都鲜遇对手。

贝尔尼尼在同一块大理石上表现出了光润、飘逸、坚硬、柔嫩等不同的质感

菲内里雕塑的西皮欧内主教半身像及其衣扣细节

而另一方面，一直顺风顺水备受宠爱的贝尔尼尼骄傲自负，从来不与别人分享荣耀。据说在雕塑《阿波罗和达芙妮》时，达芙妮变树的很多细节是贝尔尼尼的助手、雕塑家朱利亚诺·菲内里（Giuliano Finelli）的创意。可贝尔尼尼对此绝口不提，甚至当众抹杀其功绩，使菲内里很快愤然辞职。

贝尔尼尼剽窃菲内里创意的事件可能还不止一次。他们曾分别为红衣主教西皮欧内·博尔盖塞制作了一座半身像，菲内里风趣地将主教的衣扣雕成或只扣住一半或根本没有扣上，来暗示主教是一个大胖子；而贝尔尼尼的主教像中也有一粒衣扣半扣着，也许就是"复制粘贴"了菲内里的创意。当然，贝尔尼尼塑造的主教仪容比菲内里的有神采得多，头部微侧上仰，好像在极目远方，目光深邃而有内涵，深得主教赞赏。

贝尔尼尼雕塑的西皮欧内主教半身像及其衣扣细节

强强联手决裂告终

（梵蒂冈圣彼得大教堂：青铜华盖）

　　贝尔尼尼很快就成为罗马艺术圈的领军人物和万众瞩目的明星，各类订单纷至沓来，还被教皇册封为骑士，真是名利双收。不久，他遇上了人生中的第二个贵人——巴贝里尼（Barberini）家族的乌尔班八世（Pope Urban VIII）。这个家族是起源于托斯卡纳的商业贵族，最早姓塔法尼（Tafani da Barberino，即巴贝里尼的塔法尼），巴贝里尼只是他们居住的地方。由于塔法尼是"苍蝇"的意思，所以家族原来的纹章中有苍蝇的图案。乌尔班八世当选教皇后，感觉苍蝇不够体面，就把纹章改为了三只金色的蜜蜂。

乌尔班八世当选教皇后把家族纹章从苍蝇改成了蜜蜂

　　乌尔班八世在做主教时就结识了贝尔尼尼，两人一见如故。当选了教皇之后，乌尔班八世立即召见这位宠臣，并向他宣布了两件事：第一，能在有生之年遇上我这位教皇，是你最大的福分；第二，生逢你伟大的艺术创作期，躬逢其盛，也是我的荣幸。贝尔尼尼在教皇的庇护之下平步青云，如日中天。不久，他就得到了一项代表最高荣誉的工程任命：在天主教会的"心脏"——圣彼得大教堂内最为尊贵的圣彼得墓穴之上，建造一座青铜华盖。

自中世纪以来，欧洲教堂的圣坛和君主的宝座上方都要覆以华盖，以彰显其尊荣和权力。最早的华盖是布制的，英文华盖（Baldachin）一词就起源于产自巴格达（Baghdad）的一种华丽布饰。很多圣像中可以见到这种布制华盖，皇帝在举行大典时也常使用华盖，类似于中国古代卤簿中的黄罗盖。

1623 年，经历了近一个半世纪的重建后，新圣彼得大教堂迎来了继布莱曼特、拉斐尔、米开朗基罗、马岱尔诺等人之后的又一位总设计师——贝尔尼尼。圣彼得大教堂的平面图是一个希腊十字架，在十字架横竖交叉点的位置，就是沉睡了两千年的耶

洛伦佐·洛托（Lorenzo Lotto）的《怀抱耶稣的圣母像》，绿色的布制华盖营造了一种神圣的气氛

稣弟子——第一任教皇圣彼得的坟墓。米开朗基罗设计的巨大穹顶就覆盖其上，而华盖的功能是要强调此处在天主教会的重要地位。

贝尔尼尼要将青铜华盖作为他染指大教堂的首部作品，这也是他第一次涉足建筑领域。严格来说，这项工程介于雕塑和建筑之间，即用雕塑的创意来设计外观，但因其体量巨大，要将这座高近 30 米、重约 6 吨的"铜亭子"搭建起来，需要建筑学的知识。贝尔尼尼急需一个团队，这样一来，我们故事中的另一个主角出场了，他就是弗朗西斯科·波洛米尼（Francesco Borromini，1599~1667）。

这位出生于瑞士的建筑师只比贝尔尼尼小一岁，才华横溢，沉稳内向。两相比较，贝尔尼尼颇具"北大文科生"的气质——风流倜傥、外向活跃、爱出风头；波洛米尼则更像是"清华理工男"——严谨内敛、脚踏实地、不善言辞。他们的分工是贝尔尼尼负责青铜华盖的整体设计和铸造，波洛米尼负责结构工程和四根柱子的装饰。下面我们就来自下而上仔细欣赏一下这座举世无双的"巨型铜亭"。

支持华盖的基座是四个大理石墩，石墩的每一面都有代表教皇巴贝里尼家族的纹章——装饰着三只金蜜蜂的盾形图案。在每个盾形图案之上都有一张人脸，而且

支撑青铜巨柱的大理石墩，盾形装饰里的三只蜜蜂是代表教皇巴贝里尼家族的纹章

圣彼得大教堂的青铜华盖

大理石墩上的人脸据说代表了教皇侄女诞下婴儿的过程

每张脸的表情都不相同：或狰狞、或痛苦、或欣慰、或喜悦……有关这些面孔流传着一个故事：贝尔尼尼在设计华盖时，正赶上教皇的侄女朱莉亚（Giulia Barberini）难产。教皇坐立不安，长跪在圣彼得墓前祈求上天赐福。当母子平安的消息终于传来，教皇竟当众喜极而泣。这一事件被有心的贝尔尼尼记录到了华盖上：这些女性面孔代表了教皇侄女分娩的过程，最后出现的一张婴儿面孔①，自然就是指教皇的外孙了。贝尔尼尼要让教皇的亲属与华盖一起名垂青史，无非是在挖空心思地讨好金主，可见他是多么的老于世故。

矗立在大理石基座之上的就是四根青铜巨柱了。柱子呈螺旋形，被称作"所罗门式柱"（Solomonic column）。相传公元前 957 年犹太王所罗门在耶路撒冷圣殿山上建造第

鲁本斯的画作《所罗门的判决》（The Judgement of Solomon），背景就有所罗门式柱饰

拉斐尔绘制的《圣彼得治愈瘸腿病人》（Healing of the Lame Man），里面的柱子就是参照旧圣彼得大教堂中的原柱临摹的

青铜立柱和局部细节

一圣殿时，就使用了这种螺旋形的柱子。后来圣殿几经摧毁重建，最后柱子被罗马君士坦丁大帝的母亲海伦娜找到，并于公元 4 世纪初由君士坦丁大帝本人带到罗马，用来支撑旧圣彼得大教堂的旧华盖。

　　贝尔尼尼沿用了这种柱饰，一方面是为了强调《旧约》与《新约》的传承关系，另一方面，这种螺旋的花样正好符合巴洛克风格炫耀动感的喜好，可以说是一举两得。铜柱分为三段：下部为螺旋纹式，中间为月桂树和橡树（象征着约柜），并饰以小天使和代表教皇家族的蜜蜂，上部为爱奥尼亚式柱头（Ionic Order）。爱奥尼亚柱式是古希腊三种柱式之

贝尔尼尼将传说中来自于耶路撒冷圣殿的 8 根石柱挪到了装饰着四位圣人塑像的墙壁上（图右侧十字架两边），游人至今还能亲眼看见这来自所罗门时代的古迹（不知真伪）

一，以其发源地爱奥尼亚岛命名，因其修长优美的比例和柱头有一对向下的涡卷装饰，而被认为代表"女性之美"。

华盖天花板内侧有一只象征圣灵的鸽子①，华盖上部四角各站立着四位大天使②。横梁中间是一对（四组）小天使，手里捧着教皇的三重冠和彼得的钥匙，宣示教皇是圣彼得的正宗传人③。最顶部是一个圆球上立着的十字架，象征天主教一统天下④。

青铜华盖竣工后赢得了教会的夸赞。好大喜功的贝尔尼尼故伎重演，抹灭了其团队成员对青铜华盖工程的贡献，一个人包揽了所有的功绩。直到现在，一提到华盖，人们想到的也只有贝尔尼尼。至于哪部分是由波洛米尼完成的，没有人说得清。这件事深深地伤害了波洛米尼，两位天才很快就分道扬镳，青铜华盖也成了两人唯一携手完成的作品。

青铜华盖为贝尔尼尼带来了更大的声誉，他终于向世人证明了自己不光是"米开朗基罗再世"的雕塑家，同时也是一位天才的建筑师。看来已无人能阻止这位超级明星称霸艺坛的脚步了，然而，随后出现的一个意外事件给贝尔尼尼辉煌快意的人生平添了一些波澜……

时运交替此消彼长

（梵蒂冈圣彼得大教堂钟楼 / 罗马传信部宫）

关于青铜华盖工程，除了教会方面的赞许，社会上还有很多不同的声音。首先是对铜料来源的质疑：据说在教皇的默许下，贝尔尼尼拆除了罗马最为人仰慕的万神殿门廊构件，拿天花板上的青铜来浇铸华盖。罗马的街头巷尾都在传播着一句顺口溜：巴巴里安都不曾做过的事，被巴贝里尼办了。

骄傲的古希腊人认为，只有会讲希腊语的人才称得上是文明人，而其他地区说话"Bra Bra Bra"的都是巴巴里安（barbarians），因此巴巴里安就是野蛮人的意思。这句顺口溜就是讽刺巴贝里尼教皇破坏了万神庙，做了就连以前野蛮人推翻罗马帝国时都没有做过的坏事。其他有关华盖的负面评价主要是指责其风格过于张扬，形似怪兽等等。而贝尔尼尼则对此充耳不闻，认为这只是由于自己木秀于林而招致的非议。自负轻狂的他不久就因为一位美女而惹祸上身。

贝尔尼尼疯狂地爱上了他助手的妻子康斯坦莎（Costanza Bonarelli），还充满爱意地为其雕刻了一尊半身像，那微张的嘴唇和半露的酥胸，体现了雕塑家的激情。出人意料的是，风流的康斯坦莎很快就移情别恋。当贝尔尼尼亲眼见到情人竟然与自己的弟弟路易吉（Luigi Bernini）暗中约会时，顿时失去了理智，一路将落荒而逃的路易吉追杀到了一座教堂之内，并将其打成重伤。这还不算，贝尔尼尼又派仆人闯到康斯坦莎家中划伤其脸，以泄私愤。事情很快传遍了罗马城，大家都惊愕于贝尔尼尼的无法无天，就连其亲妈都呼吁要严惩凶手。得知此事的教皇乌尔班八世却轻描淡写道：年轻人

贝尔尼尼为情人康斯坦莎塑造的半身像，现藏于佛罗伦萨的巴杰罗美术馆

太过冲动；并很快公布了对贝尔尼尼的惩罚：结婚！这一年（1639年）新婚的贝尔尼尼40岁。当人们感叹贝尔尼尼在教皇巨大的保护伞之下可以为所欲为时，他却遇到了人生当中第一次真正的挫折。

建有"驴耳朵"的万神庙

　　贝尔尼尼承接了圣彼得大教堂的又一项工程——在正门两侧构筑一对钟楼。他曾经为罗马万神庙加盖过两个钟楼，由于其修长的外形打破了万神庙古典庄重的整体造型，被人们讽刺为"驴耳朵"（1852年对万神庙进行修缮时，这一对扎眼的钟楼被彻底拆除了）。而这一次，贝尔尼尼竟然要把"驴耳朵"添加在天主教的至圣之地圣彼得大教堂之上！

　　其实，贝尔尼尼心目之中始终屹立着一座神圣的高峰，那就是米开朗基罗。他曾因在"米神"的

建有钟楼的圣彼得大教堂

圣彼得大教堂墙体上的裂纹

教皇英诺森十世画像，出自西班牙画家委拉斯凯兹（Velazques）之手

大教堂穹顶之下建造青铜华盖而激动万分，而今自我急剧膨胀，欲将自己的钟楼盖高于穹顶，以超越"米神"。可是没有建筑学背景的贝尔尼尼忽略了一个十分重要的事实：大教堂的地基是建在台伯河的泥沙冲积带上的，无法承受钟楼巨大的重量。南边的钟楼刚竣工不久，楼体就出现了不祥的裂纹。随后，大教堂正面的墙面上竟然也出现了至少 4 条裂纹，最大的裂纹宽 22 厘米。

屋漏偏逢连夜雨，贝尔尼尼的靠山乌尔班八世教皇恰恰在此时（1644 年）病逝了，而接任的教皇又是他的老对头英诺森十世（Pope Innocent X）。这位新教皇一上台就要肃清前任的一切痕迹，包括着手调查大教堂钟楼墙体开裂一事。调查组组长就是波洛米尼！其实，钟楼从设计到打造地基，都是前任总设计师马岱尔诺（Carlo Maderno）的手笔，贝尔尼尼只是这个带有先天缺陷的设计的执行者。可是最终的调查报告剑锋直指贝尔尼尼，并预测钟楼可能造成大教堂的坍塌。教皇看过报告后果断下旨：拆！波洛米尼终于报了一箭之仇。

圣彼得大教堂钟楼工程的失败，使贝尔尼尼倍受打击，高朋云集的居所如今变得门可罗雀，原有的订单也被接连取消。而波洛米尼则时来运转，新教皇对他推崇备至，名望与财富接踵而来，就连贝尔尼尼未竣工的工程也交到了他手里。那是位于罗马西班牙广场南侧的传信部宫（Palace of the Propagation of the Faith），是梵蒂冈在罗马城内的地产。

贝尔尼尼已经完成的部分可以说是中规中矩，沿袭了古典主义的建筑风格。以雅典卫城的巴特农神庙和古罗马的斗兽场为例，古典的建筑立面以直线、三角形或券拱为主，立柱之间的距离相等。而波洛米尼则别出心裁，在贝尔尼尼没有完成的建筑西侧大量使用曲线、椭圆、凹凸面来装饰建筑立面，使其富于动感，更显活泼灵动，并将两根立柱合并在一起，改变柱间距的大小。至于建筑内部，波洛米尼一改前人以具象人物为主的穹

教皇英诺森十世的纹章。因其出身于意大利古老的潘菲利家族（Pamphili family），祖上是法兰克人，因此家族纹章上带有象征法兰克的鸢尾花和象征友谊（潘菲利在意大利语中意为友谊）的白鸽

古典建筑的代表作：古罗马的斗兽场（左）和雅典卫城的巴特农神庙（右）

贝尔尼尼完成的传信部宫外立面沿袭了古典主义的建筑风格，中规中矩

顶壁画传统，运用抽象的几何图案装饰穹顶的天花板，使之气象一新。波洛米尼这一座体量不大的作品独具一格，气势夺人，一举成为罗马巴洛克建筑的标准范例，也是他艺术生涯的一座里程碑。

波洛米尼设计的传信部宫穹顶

波洛米尼设计的传信部宫外立面，门廊横梁凹凸有致，立柱则是一对对并排使用的，门窗上装饰着各种圆形、波浪形曲线，极富动感

　　一个与这座建筑有关的传说也在罗马流行起来：波洛米尼设计的传信部宫气势磅礴，美中不足的是地处一条狭窄的小巷之内，没有一个良好的视点来欣赏。有人建议将对面的房屋拆除以便修建一个广场，这可正中了波洛米尼的下怀，

因为对面的房子竟然是贝尔尼尼骑士的府邸！当然，罗马的
建筑可不是随便说拆就拆的，贝尔尼尼的故居至今还屹立不
倒。于是波洛米尼再发"暗器"，在建筑的横梁上雕刻了一对"驴
耳朵"，来揭一揭对手的伤疤，让贝尔尼尼上班和回家都能
看到，一天至少气他两次。贝尔尼尼的回应也是简单粗暴：
他在自家阳台隔板上雕刻了一个"男性器官"，直指波洛米
尼的"心肝儿"建筑！当然，这一奇观现在是看不到了。在
日后的修缮中，"驴耳朵"和"男性器官"都被一并彻底清除，
理由是"维护公共文明"。

贝尔尼尼在传信部宫对面的府邸

王者归来再创辉煌

（罗马胜利圣母教堂：《圣特雷萨的沉迷》/罗马纳沃纳广场：《四河喷泉》）

贝尔尼尼在闭关中苦思冥想，终于确定了东山再起的计策：只有同时发挥他无敌的雕塑技巧和灵活的市场运作能力这两大优势，才能跟强敌一决雌雄。贝尔尼尼准备起手反击了。

在沉寂了两年之后，贝尔尼尼终于等来了机会。威尼斯贵族费德里科·科纳罗（Federico Baldissera Bartolomeo Cornaro）主教要修缮自己位于罗马胜利圣母教堂（Santa Maria della Vittoria）里的礼拜堂。科纳罗主教是天主教加尔默罗会（Carmelites）的成员，这个隐修会在一个世纪之前出了一位圣女——阿维拉的圣特雷萨（Teresa of Ávila，1515－1582）。出生于西班牙的特雷萨赢弱多病但信仰虔诚，一生致力于教会的改革，还以自身经历撰写了许多流传至今的著作。书中记载了很多她亲历的神迹，如目睹天使出现、听到上帝的旨意、身体悬浮于半空等。最广为人知的神迹是她被一位手持金矛的天使数次刺中心脏，在巨大的痛楚中几度昏厥，同时感受到无边的喜悦

鲁本斯画的特雷萨像，现藏于维也纳的艺术史博物馆（Kunsthistorisches Museum）

罗马胜利圣母教堂中贝尔尼尼的代表作《圣特雷萨的沉迷》

和来自上帝的爱。

贝尔尼尼要为科纳罗小礼拜堂塑造一组有关圣特雷萨的造像，名为《圣特雷萨的沉迷》（Ecstasy of Saint Teresa）。作为巴洛克艺术家的翘楚，他将这个题材的"戏剧化瞬间"表现得登峰造极。首先，为了营造出类似舞台的灯光效果，他设计让自然光线通过雕塑顶部的一扇天窗直射进来，雕塑背景还加上了

金色的光束①。其次，他在雕塑两旁设计了类似剧院中的包厢，把科纳罗主教及亲友安排在包厢内观看表演，给人以彻头彻尾的"剧场感"②。位于"舞台"正中的是身体悬浮于云朵间神情沉迷的圣特雷萨，和正要将金箭刺向她的天使——又是事件发生的"关键瞬间"。只见圣女双目微合，半张的嘴仿佛正在轻叹③，再加上紧收的脚趾④，精准地刻画出了既"痛楚"又"狂喜"的表情。

《圣特雷萨的沉迷》一经面世就立即博得了大众的高度赞美。它不仅成为贝尔尼尼一生的代表作，也是巴洛克风格的巅峰成就。也有人质疑贝尔尼尼，认为该作品太过世俗化，把实际年龄为四十多岁的圣女特雷萨塑造成处于"性快感"中的少女，玷污

圣女特雷萨的心脏和右臂，现藏于西班牙的阿尔瓦

了圣坛。而贝尔尼尼的回应简练而辛辣：Omnia Munda
Mundis——"纯者见纯"，意思是只有心灵纯洁的人，
才能看到圣洁的事物。

　　逝于 1582 年的特雷萨被埋葬在西班牙的阿尔瓦
（Alba de Tormes）。自 1584 年至 1914 年间，狂热
的信徒曾三度开棺验尸，惊奇地发现圣尸依然完好如初。
信徒们取出她的心脏，据说还发现其心脏里真有被天使刺
穿的孔洞，也没有腐烂。这颗心脏现在被保存在圣体盒内，
同时被保存的还有一只右臂，作为圣物受人膜拜。

　　贝尔尼尼再度成为明星，完成了王者归来的壮举。他
的下一步计划是取悦对他抱有敌意的教皇，从而赢得更多

教皇英诺森十世的寡嫂奥林匹亚像

订单。敏锐的贝尔尼尼发现了教皇的软肋：教皇英诺森十世对他寡居的嫂子言听计从。其嫂奥林匹亚（Olimpia Maidalchini）是一位跋扈而贪财的女汉子，由于和教皇不清不楚的关系而臭名昭著。贝尔尼尼于是数度贿赂她和教皇周围的要人，并终于等来了机会。

教皇想开发罗马的纳沃纳广场（Piazza Navona）以扬名立万，其中的圣阿格尼斯教堂（Sant'Agnese in Agone）工程交给了波洛米尼，另一项工程四河喷泉（Fontana dei Quattro Fiumi）的订单也可能非他莫属。贝尔尼尼开始暗箱操作，与被他贿赂的奥林匹亚一伙设了一个局：将贝尔尼尼制作的四河喷泉银制模型放在教皇的必经之路上，用活灵活现的设计打动教皇。看到模型的教皇深思良久，面带不悦地说道：除了贝尔尼尼不会再有别人这么干了，看来你们都决定支持他，你们的责任是去面对反感他的人们。教皇说完拂袖而去。贝尔尼尼如愿以偿地开始了四河喷泉的工程。

贝尔尼尼用拟人化的手法，将代表四大洲的四条河流设计成姿势、神态、服饰各异的河神。河神之间立起一座高16.5米的巨型方尖碑，配以喷泉，真是美不胜收。波洛米尼眼见到手的工程旁落，忍不住公开诋毁对手。于是质疑之声又起：喷泉下部的雕塑是中空的，而上面却立着沉重的石碑，不懂建筑的贝尔尼尼会不会再次闹

四河喷泉成了纳沃纳广场的标志

出类似圣彼得大教堂钟楼的惨剧？万一石碑倾倒，将会造成多大伤亡？渐渐地，没人再敢走近喷泉，贝尔尼尼承受了巨大压力。

为了彻底解除人们心中的疑虑，善于表演的贝尔尼尼让学徒们搭起隔离带，禁止人们靠近喷泉。这招"欲擒故纵"果然引来众人围观，大家好奇地想要亲睹贝尔尼尼如何收场。这时贝尔尼尼当众架起扶梯，爬上喷泉，把四根细细的白线绳系在方尖碑上，另一头则让人拴在了广场周边的建筑上，然后他拍拍手，大声向群众宣布道：加固工程顺利完成！行为艺术吧？众人哗然，但质疑的声音也因艺术家近乎任性的自信而被压制了。方尖碑经历了后来1654年的大地震而岿然不动，至今仍稳稳地矗立在纳沃纳广场，证明了贝尔尼尼

在建筑方面的造诣已今非昔比。

　　这一回合的斗法使两个冤家的矛盾公开化了。罗马一直流传着有关纳沃纳广场喷泉和教堂的说法：贝尔尼尼设计的代表美洲的普拉塔河神身躯后仰，左手举起，似乎是对面波洛米尼的圣阿格尼斯教堂倒塌时的本能反应①；代表非洲的尼罗河神则以巾掩面，好像不忍再看对面"丑陋"的教堂②。而波洛米尼的回应是在圣阿格尼斯教堂屋顶立起一座圣女的塑像，她信誓旦旦地以手抚胸，好像在说：姐这特好！保准屹立千年不倒，不像你的"驴耳朵"③。

　　以上传言纯属后人的调侃。贝尔尼尼的喷泉早

在波洛米尼的教堂落成十多年前就竣工了，不可能发生如上争执。其实，掩面的尼罗河神象征该河的源头未知，后仰的普拉塔河神则象征土著对发现新大陆的征服者的惊恐。波洛米尼的圣阿格尼斯教堂非但不丑陋，反而堪称美轮美奂，那灵动的曲线和几何图案，把巴洛克语言诠释得完美无瑕。

波洛米尼的圣阿格尼斯教堂穹顶

双珠并立相映生辉

（罗马奎日那雷山：圣安德烈教堂 / 四泉圣卡罗教堂）

罗马的奎日那雷山（Quirinal Hill）是古罗马发源地"七丘"之一，位于市区东北部。这里并立着两座教堂，分别为贝尔尼尼和波洛米尼的巅峰之作。

先来看一看贝尔尼尼设计的圣安德烈教堂。这座教堂的业主是耶稣会（Society of Jesus）。这个创立于16世纪的天主教会影响广泛，到中国传教的耶稣会成员就有利玛窦、汤若望、郎世宁、蒋友仁等名人，文渊阁大学士徐光启也是其会员。圣安德烈是耶稣的第一个弟子、圣彼得的哥哥，殉难时被钉在 X 形十字架上。

耶稣会会徽

贝尔尼尼设计的这座教堂，除了沿袭其古典主义的风格之外，又增添了很多巴洛克的新元素。教堂正门入口处是一组半圆形阶梯，如同湖面泛起的涟漪。正门立面由内外两层门廊组成，内层为半圆形亭状立廊，上部装饰着潘菲利家族鸽子的纹章，外层为两根科林斯柱托起的三角形山墙。外观整体上既有巴洛克的富丽动感，又有古典的庄重挺拔。

走进教堂，正门是圣安德烈的主圣坛。贝尔尼尼再次使用了与设计《圣特雷萨的沉迷》相同的手法，在圣坛顶

徐光启《几何原本》的插图，图中人物为利玛窦与徐光启

贝尔尼尼设计的圣安德烈教堂外观

教堂中圣坛画上圣安德烈被钉在 X 形十字架的情景，纪尧姆·科托伊斯（Guillaume Courtois）作于 1668 年

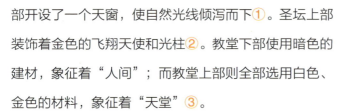

部开设了一个天窗，使自然光线倾泻而下①。圣坛上部装饰着金色的飞翔天使和光柱②。教堂下部使用暗色的建材，象征着"人间"；而教堂上部则全部选用白色、金色的材料，象征着"天堂"③。

贝尔尼尼一反自己过去截取事件"关键瞬间"的做法，改用类似电影蒙太奇的技巧，将圣安德烈从殉教到升入天堂的全过程表达出来，仿佛在上演一幕完整的戏剧。圣坛上部的三角山墙上，用象征纯洁的白色大理石雕出的圣安德烈（贝尔尼尼学生的作品）腾云而起，举

手指向穹顶①。穹顶的天窗代表了圣安德烈的升天之路，仿佛他就要从此进入天堂②。天窗四周还有天使向下挥手观望，好像正在期盼圣人的到来③。

贝尔尼尼在晚年时曾说过，自己每次完成了作品后才遗憾地发现还存在着诸多缺陷，比如他每次路过纳沃纳广场时都扭过头去，尽量不要看到自己漏洞百出的四河喷泉。唯独圣安德烈教堂，他自认为是完美无缺的巅峰之作，并常常独自一人流连其间，陷入冥想久久不愿离去。

距离贝尔尼尼的圣安德烈教堂几步之遥，坐落着波洛米尼的四泉圣卡罗教堂（San Carlo alle Quattro Fontane），这是他在罗马独立完成的第一件作品。由于建造教堂的用地太过狭小，他的挑战是如何在这样一个方寸之间设计出永恒的作品。令人心酸感慨的是，为生存苦苦打拼的波洛米尼为了赢得这个毫不起眼的订单，竟然是义务工作的。

　　波洛米尼不愧是空间营造的大师，他灵活地运用了自己在建筑设计中的三大利器——曲线、富于韵律的立柱安排和几何图案，以达到拓展空间的效果。教堂的正门立面分成上下两个部分，中间的檐部呈波浪形，整体立面都随着这条波浪线而起伏：正门中间部分，包括其间的墙饰和壁龛都向外凸出，左右两边则向内凹进，造就了强烈的动感。

　　一步跨进教堂，观者即刻会被各种几何图形所

四泉圣卡罗教堂与圣彼得大教堂的立面尺寸比较图。中下黄色部分为四泉圣卡罗教堂，其余为圣彼得大教堂

四泉圣卡罗教堂富于动感的外立面

四泉圣卡罗教堂变幻无穷的穹顶

　　环绕，感觉到空间在无限发散。整座建筑都选用纯白色大理石精心雕琢，再辅以从多扇开窗射进来的光线，让人眼前豁然开朗，又因多种几何图案的组合而心醉神迷。这里几乎找不到直线，16根立柱两两一组，前后错落，排列有致，没有一组形成直列。上中下三层装饰着壁龛、半圆藻井、穹隅圆形装饰框、凹面三角山墙，再加上华美绝伦的椭圆穹顶，真是磅礴大气，变幻无穷。

　　波洛米尼创造性地用几何图案解决了教堂面积过小的问题，另外，抽象的图案也比具象的人像更耐看，即便用今人的眼光来鉴赏，小教堂的风格也是如此的前卫而经典。

　　波洛米尼的四泉圣卡罗教堂建于 1638-1641 年，比贝尔尼尼建于 1658-1661 年的圣安德烈教堂整整早了 20 年，可是两相比较，依然是各有千秋，旗鼓相当。从外立面来看，波洛米尼

穹隅（Pendentive）指处于相邻的两个拱顶之间的三角形半球面空间

四泉圣卡罗教堂穹顶变幻莫测的几何图案

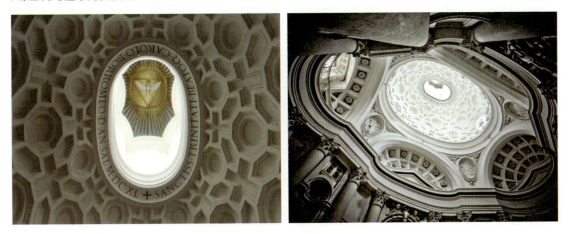

由于教堂的委任方是天主教"圣三一教会"（Trinitarian Order），因此波洛米尼在穹顶中心设计出了一只象征圣灵的白色鸽子

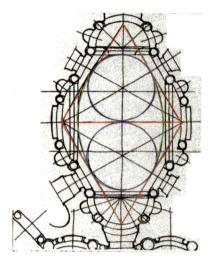

四泉圣卡罗教堂平面构造图

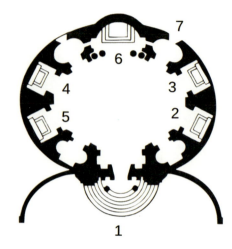

圣安德烈教堂平面构造图

的活泼而富于动感，贝尔尼尼的则内敛而庄严，正好与两人的性格相反。从平面构造来看，波洛米尼的是通过复杂计算得出的近似橄榄核的形状，而贝尔尼尼的则是简洁的椭圆形。从穹顶来看，波洛米尼的穹顶结合了数学之美和音乐之美，既严谨又灵动；贝尔尼尼的则综合了雕塑、绘画的高超技巧，集视觉艺术之大观。

　　贝尔尼尼活到了 81 岁，他赢得了更多的工程与大众的喝彩，以致有人说他是为罗马而生，罗马也是被他所造。波洛米尼在英诺森十世逝世后立即被边缘化，忧郁的他于绝望中自杀身亡，享年 67 岁。波洛米尼输在了市场营销和人际公关上，但他伟大的艺术天赋则与他在罗马屹立至今的华美建筑一道，被人永远凭吊敬仰。

圣安德烈教堂穹顶

四泉圣卡罗教堂穹顶

附：

贝尔尼尼在罗马的作品全集

　　游人如织的罗马街头，随处可见巴
洛克大师贝尔尼尼的作品。以下将贝尔
尼尼在罗马的全部作品打包整理，方便
各位爱好者按图索骥。

1. 博尔盖塞美术馆

母羊阿玛尔泰娅、少年宙斯与农神
（*The Goat Amalthea with the Infant Jupiter and a Faun*）1609

教皇保罗五世胸像
（*Bust of Pope Paul V*）1621

埃涅阿斯、安喀塞斯和阿斯卡尼俄斯逃离特洛亚
（*Aeneas, Anchises, and Ascanius*）1618

劫掠普罗塞耳皮娜
（*The Rape of Proserpina*）1621

大卫像
（*David*）1623

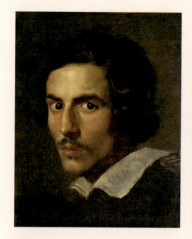

自画像
（*Self-Portrait*）1623

阿波罗与达芙妮
（*Apollo and Daphne*）1622

时间揭示真理
（*Truth Unveiled by Time*）1645

两座西皮欧内主教胸像
（*Two Busts of Cardinal Scipione Borghese*）1632

2. 圣巴西德圣殿

乔万尼·桑托尼胸像
（*Bust of Giovanni Battista Santoni*）1613

3. 密涅瓦的圣母教堂

维格瓦诺胸像
（*Bust of Giovanni Vigevano*）1617

圣女玛丽亚·拉吉纪念碑
（*Memorial to Maria Raggi*）1647

小象方尖碑

（*Elephant and Obelisk*）1667

多米尼克主教陵墓

（*Tomb of Cardinal Domenico Pimentel*）1653

4. 蒙塞拉托圣母教堂

蒙西嘉诺胸像

（*Bust of Monsignor Pedro de Foix Montoya*）1621

5. 佛罗伦萨驻罗马的圣约翰教堂

安东尼胸像
（*Bust of Antonio Cepparelli*）1622

6. 巴贝里尼宫

教皇乌尔班八世胸像
（*Bust of Pope Urban VIII*）1632

7. 圣碧碧安娜教堂

圣碧碧安娜像
（*Santa Bibiana*）1624

8. 圣彼得大教堂

圣彼得华盖
（*St. Peter's Baldachin*）1623

圣朗基努斯像
（*Saint Longinus*）1629

乌尔班八世陵墓
（*Tomb of Pope Urban VIII*）1627

玛蒂尔达伯爵夫人陵墓
（*Tomb of Countess Matilda of Tuscany*）1633

教皇亚历山大七世陵墓
（*Tomb of Pope Alexander VII*）1671

圣彼得宝座祭坛
（*Chair of Saint Peter*）1657

圣彼得教堂门廊广场及众圣人像
（*Statues Over the Colonnades of St. Peter's Square*）1656

9. 西班牙广场

破船喷泉
（*Fontana della Barcaccia*）1624

传信部宫
（*Palace of the Propagation of the Faith*）1644

未竣工，后被波洛米尼接手完成

10. 国立古代艺术博物馆

乌尔班八世像
（*Portrait of Pope Urban VIII*）1632

教皇克莱默十世像
1671

11. 巴贝里尼广场

特里同喷泉
（*Fontana del Tritone*）1642

蜜蜂喷泉
（*Fontana delle Api*）1644

12. 保守宫博物馆

乌尔班八世纪念像
（*Memorial Statue of Pope Urban VIII*）1635

美杜莎
（*medusa*）1636

13. 蒙托里奥的圣彼得教堂

拉蒙蒂小教堂
（*Raimondi Chapel*）1638

14. 胜利圣母教堂

圣特雷萨的沉迷
（*Ecstasy of Saint Teresa*）1647

15. 纳沃纳广场

摩尔人喷泉
（*Fontana del Moro*）1653

四河喷泉
（*Fountain of the Four Rivers*）1648

16. 人民广场的圣母教堂

齐吉小教堂
（*Chigi Chapel*）1655

17. 奎日那雷山的圣安德烈教堂

18. 圣天使堡

圣天使桥
（*Ponte Sant'Angelo*）1667

天使像
1667

19. 河畔的圣方济各教堂

受赞美的路德维卡
（*Blessed Ludovica Albertoni*）1671

20. 消失在历史中的贝尔尼尼作品

圣彼得大教堂钟楼

万神庙钟楼

04

主义之争
论战巴黎

安格尔

VS

德拉克洛瓦

　　不同于多数为名誉和生存而斗争的艺术家，安格尔和德拉克洛瓦的对决完全是为了捍卫各自截然不同的艺术观点，其形式更像学术论战，而论坛就是法国学院沙龙展（French art salons and academies）。

　　沙龙（salon）一词源于意大利语的"客厅"，原指上层人物的私人聚会。1665 年，法国皇家美院开始举办内部艺术家作品沙龙展。到了 18 世纪中后期，法国政府开始介入，主办展会并对公众开放，其规模和影响越来越大，展会地点也搬进了卢浮宫，成为法国乃至欧洲最引人瞩目的文化盛事。

　　进入 19 世纪，艺术逐渐成为时代风潮和社会生活的风向标。法国学院沙龙展使巴黎成了西方艺术的中心，得以搜罗了大批顶尖的艺术作品。在这个群贤毕至的舞台成功亮相的画家不光赢得荣誉，还会在政府收购画作后获得丰厚的经济回报。艺术家们发挥个人风格的空间增加了，从之前应"客户"需求作画变成了抒发自我情感的艺术创作，各种新奇的艺术风格与语言也相继而来，尤以"新古典主义"和"浪漫主义"风头最劲。

　　1748 年，古罗马的庞贝古城被重新发现，人们感佩于埋藏在火山灰下的古代艺术是如此的尽善尽美，一股复古浪潮相应而生。艺术史鼻祖温克尔曼（Johann

彼得·马提尼（Pietro Antonio Martini）的《1787 年沙龙展》　　　爱德华·丹顿 (Édouard Dantan) 的《1880 年沙龙展一角》

Joachim Winckelmann）在潜心钻研了庞贝古城的艺术遗产后，用一句话精炼地概括了"古典"的含义："高贵的单纯和肃穆的伟大。"古希腊、罗马的美学，就是要将一切美术元素——点线面、色彩、构图——理性地安排在一起，达到一个绝对完美的状态，给人以均衡、秩序、简约、庄严之感。在当时世界上最大的艺术赞助人拿破仑的推动之下，用"古典"的艺术法则表达"现代"思想和题材的"新古典主义"很快成为艺术主流。而立于潮头的就是被后人称为"新古典主义卫道士"的安格尔。

安格尔（Jean-Auguste-Dominique Ingres，1780-1867）生于法国的蒙特班（Montauban），受家庭艺术

法国新古典主义画家雅克 - 路易·大卫（Jacques-Louis David）的名画《贺拉斯之誓》（Oath of the Horatii）

氛围的影响，他自小就热爱文艺，还是一位专业的提琴手。17 岁时，他来到巴黎，拜在雅克 - 路易·大卫（Jacques-Louis David）门下学艺。21 岁获得国家颁发的奖学金"罗马奖"，并被公派到意大利留学进修。他多次获得巴黎沙龙展大奖，晚年当选皇家艺术学院院长，成为当时艺术圈的掌门人。

当时能与安格尔"叫板"的是与之风格截然不同的"浪漫主义的旗手"德拉克洛瓦。"浪漫主义"这个词在 18 世纪就流行于西方，涵盖文学艺术的各个领域，是欧洲启蒙运动以来一次影响深远的文化浪潮，代表人物包括歌德、拜伦、雨果、普希金、席勒、贝多芬、肖邦，等等。中文的"浪漫"具有"爱恋、充满幻想"的含义，而它的词源应该是拉丁语 Romanicus，过去译作"罗曼蒂克"，意为"罗马人的（方式）"，即像罗马人那样用手舞足蹈、热情奔放的方式来传情达意。中世纪的行吟诗人使用"罗曼语"来讲述骑士们历险和求爱的段子，随后这个词才逐渐跟现在的"浪漫"联系在一起。因此，浪漫主义的含义更加接近"罗马式"的词源，类似"激情主义"。

两种"主义"的对决战况如何，且看 19 世纪法国学院沙龙展这个群雄逐鹿的舞台。

1819 年法国学院沙龙展

（巴黎卢浮宫：《大宫女》/《梅杜莎之筏》）

1819 年的巴黎，波旁王朝复辟，法王路易十八执政，推行较为温和的君主立宪制，所以这一年的沙龙展作品大多以皇家规定的历史宗教题材为主。前几届的沙龙明星雅克 - 路易·大卫，因其曾经支持的拿破仑下台而流落国外，没有参展。这一次展会真正引人瞩目的两件展品是安格尔的《大宫女》（Grande Odalisque）和德拉克洛瓦的同门师兄籍里柯（Théodore Géricault）的《梅杜萨之筏》（The Raft of

1819 年法国学院沙龙展部分参展作品，左上角米夏隆（Achille Etna Michallon）的风景画最终获得金奖

the Medusa）。

《大宫女》属于异域题材。它描绘了一位土耳其后宫全裸的嫔妃，修长的躯体背向观众，冷艳地注视着画外，表达了法国人对异教世界的无限遐想与好奇。画中女士头上的土耳其头巾、手中的孔雀羽毛扇、身后的首饰，还有脚边的烟袋，交织出了浓郁的异国情调。

这幅画充分体现了安格尔新古典主义的美学理念。首先是曲线要流畅完美。安格尔认同温克尔曼

安格尔 1819 年法国沙龙展的参展作品《大宫女》，现藏于巴黎卢浮宫

《大宫女》的头像借鉴了拉斐尔的《椅中圣母》，后者现藏于佛罗伦萨的皮蒂宫

说过的一句话：男性裸体只能表达人的性格，而要想创造终极之美，只有女性裸体。宫女侧卧回首的曲线反映了安格尔对完美线条的执念和追求。其次是色彩要简约克制。安格尔在画作中要突显的是曲线，过于浓烈的色彩会分散观众的注意力，因此他仅选用深蓝做背景色，左下角用小部分金色织物来表现东方后宫的华丽，以免画面过分单调。其三是继承古典作品的人物姿态。宫女的卧姿借鉴了很多古典主义佳作，如乔尔乔内的《睡着的维纳斯》（Sleeping Venus）、提香的《乌尔比诺的维纳斯》（Venus of Urbino），以及安格尔的老师大卫的《雷卡米埃夫人像》（Portrait of Madame Récamier）。就连宫女的头像都借鉴了拉斐尔的《椅中圣母》。最后，要有雕塑之美。宫女的肤色洁白细腻，透出一种近似

提香的《乌尔比诺的维纳斯》，现藏
于佛罗伦萨的乌菲兹美术馆

乔尔乔内的《睡着的维纳斯》，现藏
于德累斯顿茨温格宫的古代大师美
术馆

大卫的《雷卡米埃夫人像》，现藏于
巴黎卢浮宫

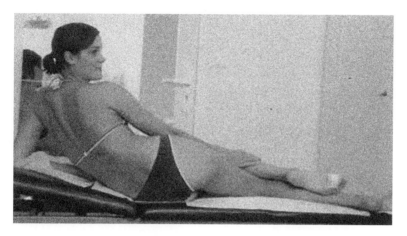

至今还有好事者演示《大宫女》卧姿的实际状态

大理石雕塑的冰冷质地，有一种古希腊雕塑的经典气质。

然而，对这幅被安格尔视作古典美之典范的画作，当时的观众并不买账。首先发现异样的是一位细心的女士，她指出：如果以这种背姿侧卧于床上，没有人可以看到我的胸部。安格尔答道：是的，但我不能舍弃女性最美的部分，而且理想的美一定是超越现实的。之后，更多的负面评论扑面而来：安格尔先生的宫女似乎缺少了五样东西——骨骼、肌肉、血色、生命、雕塑之美（最后一项纯属找茬）。还有一帮"无照郎中"从解剖学的角度给画作会诊：多出了三节脊椎骨、左腿为截肢后拼搭、右臂长过左臂、两臀失衡……沉默良久的安格尔只这样回复：你们是需要一位解剖学大夫，还是需要一位伟大的画家？

对《大宫女》的议论纷纷没有持续多久，公众的注意力很快就被画展中一个所谓的"大阴谋"转移了。"肇事者"籍里柯的参展作品勾起了人们关于 3 年前一场海难的痛苦回忆。

1816 年，法国海军战舰梅杜萨号在远航非洲的旅途中触礁沉没，保皇党船长肖马雷命令弃船。由于救生筏容纳不下所有的船员，船长将 150 余名水手遗弃在一个小木筏上，自己逃命去了。在食物、饮用水严重短缺的恶劣条件下，经历了 13 天的颠沛流离，木筏上最终只有 15 人获救。消息一传回法国，公众就被船长的自私与无能激怒了。船长肖马雷曾经为波旁王朝的复辟立过汗马功劳，还有英国保皇派做后台，因此，大众声讨的矛头指向了任人唯亲的法国皇室（其实路易十八本人没有直接参与海军的人事任免）。

法国画家籍里柯也被此事件深深触动，花了大量的时间和精力去采访幸存者，了解事件经过。他还去停尸间临摹尸体，甚至请木匠仿制了一艘等比例的木筏。籍里柯根据幸存者的讲述画了大量草稿，当他听到饥饿的水手不得不吞食同伴的尸体时，激动地将这个情节也加到草稿上。

籍里柯一次次地推翻了自己的草图设计，认为其软弱无力，根本没有表现出事件本身所带来的巨大冲击力。他变得焦躁不安，直到幸存者讲述到在海上漂流

籍里柯画像

籍里柯请木匠仿制的木筏

籍里柯画的饥饿的水手吞食同伴尸体的草稿

的最后一天的情景：他们看到天边远远地驶来一条船，于是每个濒死的人都挣扎着跳起来呼救，可是那条船在他们热切的凝望中渐渐消失，扑灭了他们刚刚升起的希望，把他们再次推下绝望的深渊。籍里柯被深深地打动了，决定表现这一感情剧烈转变的情景。籍里柯用了一年的时间，完成了令他载入史册的巨幅画作《梅杜萨之筏》（The Raft of the Medusa）。这幅画的面积达 42 平方米，前排人物的尺寸比真人还大。阴郁的色彩、夸张的姿态，把灾难所带来的悲痛、无助和绝望渲染到了极致。

　　为了避免皇室打压，这幅作品参展时的题目叫作《海难即景》（Shipwreck Scene）。法王路易

籍里柯几易其稿，这些都是他为《梅杜萨之筏》所画的草图

十八看到此画时意味深长地说：这可不光是海难这么简单吧！有人甚至形容它是一个意欲颠覆政府的"阴谋"。

　　大众对画作的评价也分为两派。一派高度赞扬其场面震撼，激情澎湃，真实反映了当时民众的心态：经历了法国大革命的希望之后，人们再次陷入王朝复辟的绝望。另一派则是以安格尔为首的新古典主义画家。他们认为艺术的宗旨是弘扬"理性之美"，而不该反映　"一堆死尸"，"用惊世骇俗的主题来哗众取宠"。安格尔甚至呼吁立即将此画撤展。

　　这幅被后人评价为"浪漫主义开端"的画作，真正影响了一个人——籍里柯的同门师弟，也是

籍里柯 1819 年法国沙龙展的参展作品《梅杜萨之筏》，现藏于巴黎卢浮宫

本次对决的第二位主角：德拉克洛瓦（Eugène
Delacroix，1798-1863）。德拉克洛瓦在日记中
描述到，他第一次看到此画就被作品的气场所震慑，
仿佛被注入了无穷的能量，以致一出籍里柯画室的
门就情不自禁地狂奔起来。籍里柯在设计草稿时曾
去探望大病中的德拉克洛瓦，这不仅是出于同门之
谊，也是因为籍里柯想趁着学弟病重，抓住其神态
加以临摹，为自己画中垂死的水手做素材。也就是说，
德拉克洛瓦第一次出现在沙龙展上竟然是以画中人
的身份，还没露正脸儿。

　　德拉克洛瓦生于 1798 年，比对手安格尔小
18 岁。他支持革命的父亲曾在新政府内任高官，母

《梅杜萨之筏》的隐秘：远处海平面上的
一点白帆，寓意转瞬即逝的希望

《梅杜萨之筏》中以病榻上
的德拉克洛瓦为原型的水手
形象

具有贵族气质的德拉克洛瓦（上）和传说中他的亲生父亲塔列朗（下）

亲则出身于艺术世家。德拉克洛瓦同时继承了父亲的激情与母亲的敏感。他的家族有着深厚的背景，姐夫是资深外交官，哥哥是拿破仑军队中的将军，甚至有传闻说他是个私生子，亲生父亲就是法国的外交明星塔列朗（Talleyrand），对整个欧洲政坛都有不小的影响力。如果这一传言属实，就不难理解一个有趣的事实：德拉克洛瓦的一些作品在极具争议的情况下多次入选沙龙展，并最终由法国政府收购。这也为不愁销路的画家赢得了更多的艺术创作空间。

1822 年法国学院沙龙展

（巴黎卢浮宫：《但丁之舟》）

籍里柯的《梅杜萨之筏》始终在德拉克洛瓦的头脑中挥之不去。他决定寻找一个相似的主题，作为自己参选 1822 年沙龙展的作品。

当时艺术学院鼓励历史题材的创作，画神话故事无疑是大家的普遍选择，但德拉克洛瓦不愿意随波逐流。终于，他发现了一个既人尽皆知却又很少被其他人表现过的题材——但丁的《神曲》（Divine Comedy）。他

1822 年法国学院沙龙展部分参展作品

为这幅画起名为《但丁之舟》（The Barque of Dante）。

　　故事来源于但丁《神曲·地狱篇》中的第八篇，讲述但丁有一次迷路，又被野兽追咬，还差点儿一头撞到一个"木呆呆"的人，定睛一看，那是个鬼！鬼说：别怕，我是维吉尔（古罗马的"李白"），想回家，我带你绕一条远路（鬼的脑回路果然非人类）。于是，两人直奔了地狱。地狱好像是一个巨型漏斗，越往地下走越窄，前五层关的都是轻罪的"劳改犯"，无非"招猫逗狗的"（贪色）、"胡吃海塞的"（贪吃）、"穷奢极欲的"（浪费）或者"动不动就跟人翻车的"

德拉克洛瓦 1822 年法国沙龙展的参展作品《但丁之舟》，现藏于巴黎卢浮宫

波提切利的《但丁地狱》，电影《但丁密码》中提到过此图，现收藏在梵蒂冈图书馆

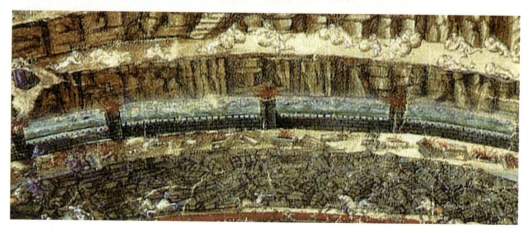

波提切利的《但丁地狱》局部细节

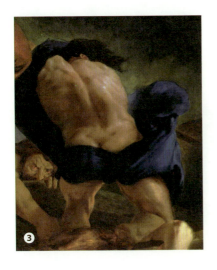

（坏脾气）。第五层以后要过一条冥河（Styx），彼岸就是关押重犯的"撒旦之城"了。

德拉克洛瓦一反古典主义横向构图的传统，将小船倾斜布局（受籍里柯画作的影响），似乎船头在巨浪中突然转向，但丁后仰和维吉尔前倾的身姿也表现了小船的不稳①。这时冥河里出现了很多冤魂，意欲爬上船来。用牙狠咬船尾的是但丁的一位熟人，菲力·阿金提（Filippo Argenti）②。这位佛罗伦萨贵族以坏脾气著称，生前扇过但丁嘴巴，他还曾在薄伽丘的《十日谈》和但丁的《神曲》两部鸿篇巨作中担当"打酱油"的角色。围攻小船的恶灵前后夹击，让人惊恐得喘不过气，只有船夫菲力亚斯（Phlegyas）重心平稳，不慌不忙③。德拉克洛瓦曾表示，他自认为最成功的形象是从后面偷袭的红着眼睛的恶灵④。画作背景是乌云压顶的撒旦之城正在熊熊燃烧，一派地狱的可怖景象⑤。

在这幅画作中，德拉克洛瓦颠覆了很多古典主义的传统。他像籍里柯一样，没有表达古典的秩序与均衡、高贵与庄严，而是烘托紧张、阴郁和恐怖的情绪。此外，他拒绝像安格尔那样使用精炼冷静的线条刻画人物，而是改用大片色块的铺陈、互补色（红与绿）的冲突，来宣泄自己狂风暴雨般的激情。例如人物肢体上的水珠不是过去的白色，而是红色与绿色，这些技巧对后世的画家影响深远。

用两个半月完成此画的德拉克洛瓦精疲力竭，如同大病一场。功夫不负有心人，他的《但丁之舟》如愿入选沙龙展，并最终被法国政府买下。德拉克洛瓦圆满完成了沙龙首秀。

1824 年法国学院沙龙展

（蒙特班圣母教堂：《路易十三的誓言》/ 巴黎卢浮宫：《希阿岛的屠杀》）

1824 年的沙龙展可以称得上是盛况空前，宣传目录上就收录了 2567 件作品。除了法国的格罗（Antoine-Jean Gros）、德拉罗什（Paul Delaroche）、吉罗代（Girodet de Roussy-Trioson）等名家之外，英国的康斯坦布尔（John Constable）也携名作《干草车》（The Hay Wain）来巴黎参展。

1824 年法国学院沙龙展部分参展作品

　　这一届沙龙也是安格尔与德拉克洛瓦首次面对面的交锋。长期居住罗马的安格尔接到了法国政府的订单，请他为家乡蒙特班主教堂绘制圣坛画《路易十三的誓言》（THE VOW OF LOUIS XIII）。

　　路易十三是法国波旁王朝的君主(1601-1643)，据说他在一次大病中奇迹康复，又赶上皇后为他生下太子（后来的路易十四），于是便认为这一切都是托圣母的保佑，决定奉圣母为法国的主保圣人。

　　画中的路易十三侧跪于圣坛之下，手捧象征皇权的王冠和权杖奉献给圣母，旁边站立着两位小天使，抬着写有誓言的金板①。圣坛之上，怀抱耶稣的圣母坐于云端，天使们环绕四周。安格尔在画草图时，本来是圣母一人站立在圣坛上的②，后来才添加上了小耶稣，大概是为了象征天主教和新教的和谐共处。

　　安格尔的这幅画中除了坚持以往凝练、雅致的画风之外，"明暗"和"色彩"的效果都比其以前的作品强烈了许多。画面整体上借鉴了拉斐尔的名作《西斯廷圣母》（The Sistine Madonna）。

　　《路易十三的誓言》一经公展便立即受到了官方的追捧。当时复辟的波旁王朝正处于内忧外患之中，急需这样"统一思想、端正认识"的作品"以

安格尔 1824 年法国学院沙龙展
的参展作品《路易十三的誓言》，
现藏于蒙特班圣母教堂

《路易十三的誓言》（左）借鉴了拉斐尔的名作《西斯廷圣母》（右）

正视听"，而安格尔正逢其时地迎合了"主旋律"。他趁机提出
要求，要组委会另辟展厅单独展示自己的作品。官方不仅一口答
应，还授予其"荣誉军团骑士"勋章，并由国王亲自颁发。他还
被评选为来年的皇家美院院士，老道的安格尔真是借此大捞了一
把。可是风头无两的安格尔还是遇到了一件烦心事，那就是"离
经叛道"的德拉克洛瓦也参加了这次沙龙展。

　　德拉克洛瓦的参展作品名为《希阿岛的屠杀》（The
Massacre at Chios）。希腊的希阿岛与土耳其仅隔 7 公里，
是大诗人荷马的故乡，15 世纪后一直被奥斯曼土耳其统治。

弗朗索瓦·艾姆（Francois-Joseph Heim）绘制的法王为安格尔授勋的场景，背景墙上
《路易十三的誓言》清晰可见

1822 年，一批希腊战士秘密登上了希阿岛，鼓动大家参加希腊的独立解放运动。因长期受惠于土耳其监护下的乳香贸易，岛上大部分人摇摆不定。可是土耳其苏丹听信了谣言，以为岛民要起义反抗自己，于是决定使用暴力镇压。随后，土耳其军队占领了毫无防御的小岛，残酷的烧杀奸掠持续了两周，五万余人被杀，另外五万人被卖身为奴，仅有两千人幸免于难。事件轰动了世界，作为不久前刚发生过革命的法国，又与信仰伊斯兰教的土耳其向来不和，自然是同情和支持希腊人民反抗独裁的斗争。

德拉克洛瓦 1824 年法国学院沙龙展的参展作品《希阿岛的屠杀》，现藏于巴黎卢浮宫

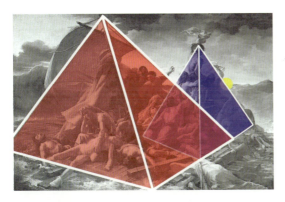

籍里柯的《梅杜萨之筏》（左）和德拉克洛瓦的《希阿岛的屠杀》（右）都采用了"双金字塔"式构图

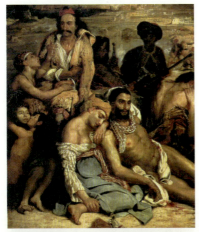

与《但丁之舟》表现地狱的恐怖与阴郁不同，《希阿岛的屠杀》要渲染的是惨烈血腥的悲剧气氛。德拉克洛瓦又一次借鉴了籍里柯的《梅杜萨之筏》，使用与之相同的"双金字塔"式构图。

前景的人物，如同籍里柯在海难现场中安排的"一堆死尸"一样，稠密地挤作一团。德拉克洛瓦在他的日记中写道："画的结构务必紧凑，也许（这样安排人物）不够真实，不过会更加具有冲击力。"左边的"金字塔"内有四对难民相互依抱，人物表情中分别透露出绝望、祈求、无助和悲伤；阴影中是两个土耳其士兵①。右边的"金字塔"中，人物安排的旋挪向上，充满动感；前方坐着的老妇面无表情地凝视着天空。德拉克洛瓦很喜欢这个姿态，并多次用于其他作品。老妇的右方，一位婴儿正在垂死的母亲身上摸索①。后方是土耳其骑兵劫掠希腊女子做奴隶，其灵感来自于鲁本斯的《劫掠留西帕斯的女儿》（The Rape of the Daughters of Leucippus）②。这个女子是画家按照爱恋的模特艾米丽·罗伯兹（Emilie Roberts）画的。

　　《希阿岛的屠杀》在绘画语言上已经脱离了古典主义的框架。首先，古典主义历史战争题材的画作通常要表现英雄主义，歌颂画的买家。而这幅画除了烘托大屠杀的悲剧气氛，找不出一个英雄来。其次，这幅画的人物造型一改古典主义正襟危坐的姿态，也没有戏剧化的动作，就连《但丁之舟》中男性躯体那坚实的肌肉都不见了，显得随意而无力。也许画家认为，这样表现才符合客观现实吧。

《希阿岛的屠杀》远景是大屠杀的场面

除了《希阿岛的屠杀》中的老妇（上图），德拉克洛瓦在《墓地孤女》（中图，现藏于巴黎卢浮宫）和《女人像》（下图，现藏于奥尔良美术馆）中也采用了同类的姿态

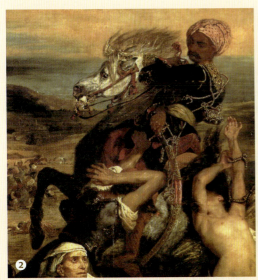

右图为鲁本斯的《劫掠留西帕斯的女儿》（The Rape of the Daughters of Leucippus），现藏于慕尼黑老绘画美术馆

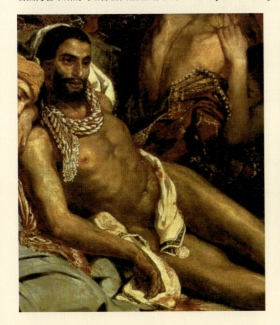

《希阿岛的屠杀》中人物形象随意而无力，找不出一个英雄

大卫的名画《穿越阿尔卑斯山的拿破仑》（Napoleon Crossing the Alps），堪称古典主义历史战争题材的代表

　　沙龙展组委会曾将《希阿岛的屠杀》与《路易十三的誓言》并排挂在一起展示，对此，德拉克洛瓦开玩笑地说：学院是要向公众演示什么是"不相融合的物体"（object of antipathy）吧！安格尔也被激怒了，他送给对手的评价简洁而刻薄："高烧加癫痫"（fever and epilepsy）！忍无可忍的安格尔威胁组委会，如果不将自己的作品单独布展他就退展。很快，安格尔如愿以偿。

　　对于刚刚接触浪漫主义风格的公众来说，德拉克洛瓦的作品还是过于前卫。大仲马和司汤达就质疑：这幅画好像没有反映屠杀，而更像是瘟疫现场。曾经支持德拉克洛瓦的格罗也"叛变"了：《希阿岛的屠杀》名不对题，应该改为《绘画的屠杀》。

　　无论如何，《希阿岛的屠杀》被政府高价收购，先被收藏在卢森堡宫，随后入主卢浮宫。任凭大家臧否，德拉克洛瓦回家数钱。

1827 年法国学院沙龙展

（巴黎卢浮宫：安格尔的《荷马的礼赞》/ 德拉克洛瓦的《萨达纳帕勒斯之死》）

1827 年的巴黎沙龙展总共有 1615 件作品参展。3 年前路易十八逝世，其弟查理十世接掌王位。他一反前任的温和作风，大力宣扬君权神授，打压自由派，因此这一届沙龙平添了许多歌颂波旁王朝的作品。

安格尔感了到后生可畏的压力，希望以《荷马的礼赞》（The Apotheosis of Homer）来捍卫自己的地位。在画

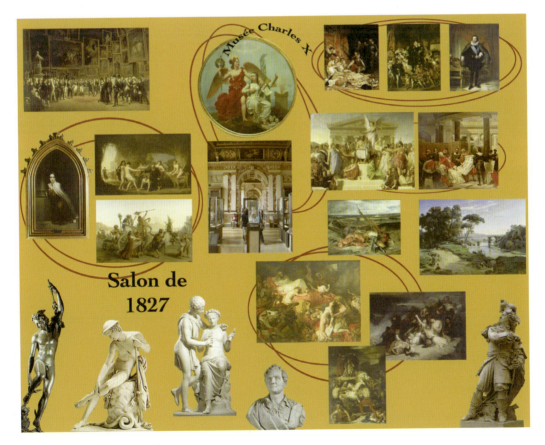

1827年法国学院沙龙展部分参展作品

安格尔 1827 年法国学院沙龙展的参展作品《荷马的礼赞》，现藏于巴黎卢浮宫

中，他选取了从古至今的 45 位古典主义学者、作家和艺术家，让他们围绕在古希腊诗人荷马四周，通过这些古今圣贤来为自己站台（单打独斗改成打群架了）。

德拉克洛瓦的参展作品为《萨达纳帕勒斯之死》（The Death of Sardanapalus），取材于拜伦的剧作，描绘亚述最后一位国王在自杀之前命令屠杀后宫的嫔妃们，被称为继希阿岛之后的"又一场屠杀"。

两人的作品同台展示，标志着一场势均力敌的好戏上演。

德拉克洛瓦 1827 年法国学院沙龙展的参展作品《萨达纳帕勒斯之死》，现藏于巴黎卢浮宫

会场入口处一幅名为《新古典主义与浪漫主义大比拼》（Grand Combat Between the Romantic and the Classic）的巨型漫画引来了无数看客。那么，以安格尔为代表的新古典主义和以德拉克洛瓦为代表的浪漫主义究竟有哪些不同呢？下面就以他们这次沙龙展的作品为例，再结合各自的其他画作，逐一加以对比。

首先是美学思想不同。安格尔尊崇温克尔曼的美学思想，以古希腊美学为准则，追求均衡、统一、单纯、庄严的形式，是太阳神阿波罗式的正统而理性的美。他强调继承，反对创新。在《荷马的礼赞》一画中，古希腊的神庙居于正中，四十多人横向排列，左右均匀对称，呈现出稳定的"金字塔"式构图，使画面和谐有序。他还使用古典主义惯用的象征手法，将荷马的两部史诗《伊利亚特》和《奥德赛》拟人化地画于荷马座下。

　　而德拉克洛瓦深受埃德蒙·伯克（Edmund Burke）美学思想的影响，认为艺术的终极目标就是"创新"。伯克在其《论崇高与美丽概念起源的哲学探究》（A Philosophical Enquiry into the Origin of Our Ideas of the Sublime and Beautiful）一文中指出，"崇高"来源于人类对死亡的恐惧和忧患意识。这也许就是浪漫主义画家热

1827 年法国学院沙龙展入口处的海报《新古典主义与浪漫主义大比拼》，反映了安格尔和德拉克洛瓦"主义之争"的激烈

荷马座下的两位女士分别代表代表荷马的两部史诗：《伊利亚特》和《奥德赛》

《萨达纳帕勒斯之死》中的各种 S 形线条

衷于表现灾难题材的根本原因。德拉克洛瓦追寻的美是酒神巴库斯之美，激情澎湃，狂野自由。他喜欢打破条条框框的束缚，用发自内心的激情来引发观者的共鸣。在《萨达纳帕勒斯之死》中，德拉克洛瓦使用了富于冲突的"对角线"式构图法，各种物体组成的 S 形曲线俯拾皆是，像一盘四处乱爬的虫子，以烘托末日的氛围。

其次是表现的题材不同。当时的美术学院将绘画的题材明确划分出了高低不同的等级：历史题材（包括神话、宗教

安格尔的《荷马的礼赞》借鉴了拉斐尔的《雅典学院》的人物姿态和布局

和历史）最为高尚，其次是肖像画，之后依次为风俗画、风景画、静物画。安格尔自称是"历史画家"，他的题材多取自历史上公认的英雄故事。而德拉克洛瓦则喜欢别出心裁，鄙视人云亦云，因此他的画多数与"新文学"和新闻事件有关。

其三是追捧的前辈画家不同。安格尔一生崇拜的拉斐尔和普桑都是古典主义规则的创立人。他不仅在创作中借鉴了很多拉斐尔画作的人物姿态和技巧（如《荷马的礼赞》就是效仿的《雅典学院》），还将拉斐尔①、米开朗琪罗②和普桑③画到作品中以示敬意，其中的普桑完全临摹了他本人的《自画像》④。而德拉克洛瓦则崇拜鲁

鲁本斯的《猎狮图》（左）和德拉克洛瓦模仿的作品（右两幅）

本斯和威尼斯画派的委罗内塞。从来独辟蹊径的他只仿照鲁本斯画过《猎狮图》。

其四是人物姿态不同。用现代摄影的术语打比方，安格尔的人物姿态是"摆拍"，而德拉克洛瓦则是"抓拍"，还没"抓好"。安格尔追求理想的美（哪怕给美女多加三根脊椎骨），人物的姿态都是经过反复推敲的，在日常生活中难得一见。而德拉克洛瓦不刻意安排人物姿态，力求自然真实，有时甚至太过随意，显得"坐

安格尔的《荷马的礼赞》人物姿态（左）和德拉克洛瓦的《萨达纳帕勒斯之死》人物姿态（右）对比

安格尔的人物姿态
讲究"拗造型"

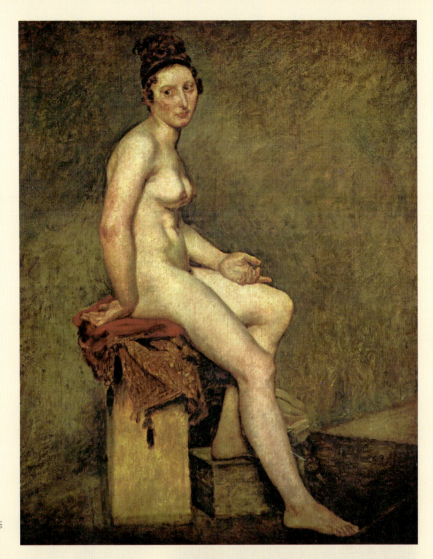

德拉克洛瓦的人物姿态
随意而自然

安格尔为《荷马的礼赞》所画的草图也经过了非常严谨的推敲和细致的描绘

没坐相、站没站相"。

　　其五，也是两人的终极差异，是关于"线条"和"色彩"在绘画元素中的地位问题。在安格尔看来，准确简练的线条是绘画成功的基础，素描则是获取完美线条的手段。只有学好素描，才能够把握色彩、构图、明暗、透视、质感等一切绘画要素，并最终组合起来使画作臻于完美。过于突出任何一个单独的要素，都会分散观者的注意力，破坏整体的和谐。因此，安格尔推崇线性素描，其实是在"整合"各个绘画要素。他的素描作品简洁凝练，人物呼之欲出，毫不逊色于其油画作品。比起素描的"王者地位"，安格尔把色彩比喻成"宫廷小姐"，与其他绘画要

安格尔的素描作品

素一样，是对和谐整体的"锦上添花"。

　　德拉克洛瓦则把色彩放在了一切绘画要素的首位，以致在他的画作中，轮廓线都被大片的色彩所模糊化了。他发现了一个有关色彩的秘密，并记录在了1852年5月5日的日记中："在多云的天气里，没有阳光，（要画的物体）也就没有清晰的明暗，每一样东西都是本身的色彩，一团一块地呈现出来……"他发现古典主义绘画中的阴影部分永远都用深棕色，其实是违背客观现实的。阴影也应该呈现出不同的色彩。举个现实中的例子：如果您去过美国亚利桑那州的羚羊谷（Antelope Canyon）游览，就会发现一个有意思的事：用肉眼看上去处于灰色阴影中的岩石，在照相机拍出的照片中，却

美国亚利桑那州的羚羊谷

呈现出瑰丽的色彩。这是因为我们的大脑根深蒂固地认为影子是灰色的，并"欺骗"了眼睛！而相机则真实地反映了色彩。德拉克洛瓦的这篇日记深刻影响了一批后来的艺术家，并成为新艺术的宣言。这批后起之秀被称为"印象派"。德拉克洛瓦还发现色彩本身就具有表现力，是人们内心丰富情感的载体。在《萨达纳帕勒斯之死》一画中，他有意运用红、绿两种互补色，以渲染末日的氛围。

德拉克洛瓦对色彩的强调无意识中改变了艺术发展的方向：从过去各艺术要素统一服务于题材变为单纯地关注一个绘画要素，如色彩。也就是说，与安格尔的"整合"恰恰相反，德拉克洛瓦是将绘画要素相"剥离"。

有一幅漫画生动地刻画了两位大师的巅峰对决：德拉克洛瓦手持象征色彩的笔刷，颜料桶上写着"线条即色彩"；安格尔手握象征素描的细笔，盾牌上的标语为"色彩是乌托邦，线条万岁"。法国漫画家伯托（Bertall）作于1849 年

Caricature of Delacroix and Ingres dueling in front of the Institut de France. Delacroix: "Line is Color!" Ingres: "Color is Utopia. Long live Line!"

同以《帕格尼尼》为题，安格尔的素描（左）和德拉克洛瓦的油画（右）明显反映了两人的不同

在随后的艺术发展中，安格尔确立了法国学院派的整体风格，布格罗（William-Adolphe Bouguereau）、卡巴内尔（Alexandre Cabanel）、库蒂尔（Thomas Couture）、科特（Pierre Auguste Cot）等人都是他的学生，忠实继承了安格尔倡导的风格。这种"甜腻"的风格很容易第一时间打动人，可是在长此以往，即便是普通观众也对这种毫无创新的"招贴画"审美疲劳了。杜米埃的漫画《怎么今年又是维纳斯》反映了人们对此的厌倦。

而德拉克洛瓦开拓出的新风格逐渐成为艺术发展的主流，各种新流派也如雨后春笋一般，发扬光大。

杜米埃的漫画《怎么今年又是维纳斯》，作于 1864 年

安格尔的学生创作的法国学院派作品

脱离古典主义的绘画新流派

1831 年法国学院沙龙展

（巴黎卢浮宫：《自由领导人民》）

1831 年，巴黎沙龙展在间断了 4 年后重新举办。数年间，法国政坛经历了沧桑巨变。国王查理十世对自由派恨之入骨，他限制新闻出版自由，修改选举制度，还解散了新议会。种种倒行逆施造成了社会各界的不满，最终导致了 1830 年 7 月 27 日的巴黎起义。市民们建筑街垒，夺取武器库，攻占市政厅。三天后，政府军溃败，查理十世仓皇出逃。这场被后人称为"光荣三日"（Trois Glorieuses）的"七月革命"，以民众的胜利而告终。

1831 年的沙龙展共 3182 件作品参展，其规模超过以往各届。有 23 件反映"七月革命"题材的作品入围。其中最引人瞩目的就是德拉克洛瓦的《自由领导人民》（Liberty Leading the People）。

这幅日后成为本星球最知名视觉影像的名画尺幅巨大，高 2.6 米，宽 3.2 米，场面雄浑壮阔，情感激烈澎湃。有趣的是，画家在起义当天只是在街头露了一面就溜之大吉了，更没有时间画速写。据画家的好朋友、作家大仲马记载："德拉克洛瓦被混乱的场面吓坏了。但当他看到圣母院上悬挂的三色旗时，他竟然难以自持地大声称赞起刚刚还令其恐惧的

1831 年法国学院沙龙展部分参展作品

起义者。"事件结束后，画家还久久不能平静（属于慢热型）。

他在一封信中写道："即使我没有为了我的祖国战斗，我也

可以用我的画作来歌颂它。"德拉克洛瓦仅仅用了三个月就

完成了他一生的巅峰之作。

那么，他如何在没有第一手素材的情况下塑造画中人物

呢？其实，"光荣三日"事件最为打动他的不是具体的人，而是"信念"——自由、平等、博爱（Liberté, égalité, fraternité）的信念！这种信念如同一个神祇，只有神祇才值得巴黎市民宁死守护，没错，是神祇，德拉克洛瓦创作的是一个为自由、平等、博爱而战的女神形象。

德拉克洛瓦借鉴了一位古罗马神祇利贝塔斯（Libertas）的名字，把画中右手高举三色旗、左手紧握步枪的这位女神命名

德拉克洛瓦塑造的女神草稿和成图

德拉克洛瓦 1831 年法国学院
沙龙展参展作品，也是他最广
为人知的代表作《自由领导人
民》，现藏于巴黎卢浮宫

为"自由女神"（Liberty）。她身着古希腊式的长袍，赤裸的上身和笔直的鼻梁都体现了古希腊的特点。女神头戴的软帽叫作弗里吉亚帽（Phrygian cap），源自小亚细亚的弗里吉亚人，起初是古代东方的象征。古罗马时期，获得自由的奴隶们通常会戴一顶类似的软帽（Pileus）。到了法国大革命时期，弗里吉亚帽就成了"自由"的象征。

女神的头发和帽尾是向右侧飘散的，而她的腰带则是飘向左边。这说明画家捕捉到了女神猛然回身的一瞬间，突出了她召唤身后民众的果敢和坚定，把《自由领导人民》中"领导"一词也形象化了。

如果说女神的形象可以通过想象来塑造，那么参加起义的市民呢？德拉克洛瓦并没有亲身参与其中，好在巴黎艺术圈里有一位不怕死的版画家查理特（Nicolas Toussaint Charlet），他把自己在"光荣三日"的见闻制作成了版画。德拉克洛瓦这幅画作中的大部分成员都可以在其中的两幅版画中找到。

他们代表了不同年龄、背景和社会阶层的起义者。女神左边的是一位身着西装的绅士，代表

法国雕塑家巴特勒迪（Frédéric Auguste Bartholdi）受《自由领导人民》一画的启发，制作了一尊自由女神像，作为礼物赠送给了美国，成为美国的国家象征

查理特（Nicolas Toussaint Charlet）制作的关于
"光荣三日"的版画，其中很多形象被德拉克洛瓦
借鉴用到了《自由领导人民》中

着受过教育的中产阶级①。绅士左边挥舞军刀头戴贝雷帽的男士则代表着工人阶级。他的下方，匍匐着一位头戴法国步兵军帽的男孩，正用石头修筑街垒——可以推断军帽和短刀都是缴获来的②。女神右边是一位手持双枪的少年，学生装束，斜挎的背包上还隐约可见其校徽③。维克多·雨果被这个形象激发出灵感，在其描绘两年之后另一场革命的小说《悲惨世界》中，他以画中的男孩为蓝图，塑造出了加弗罗什（Gavroche）这一形象。以上四位的形象均来源于查理特其中一幅版画中左侧的人物④。

位于画作下部的是三具死尸，两具身着法国皇家卫队制服，一具半身裸露，疑似起义者⑤。尸体四周堆满了砾石和碎木，据目击者的描述，起义方将街道铺设的石块撬起，还推来马车和家具，用以堆建街垒。画家在其中的几段碎木上留下了绘画创作年代和画家自己的签名⑥。

记录"七月革命"中市民堆建街垒的版画

作为注重色彩的画家，德拉克洛瓦在这幅画作中毫无例外地突出了这一点。他多次运用令其热血沸腾的三色旗的颜色来暗喻"自由、平等、博爱"的信念。背景处硝烟中的巴黎圣母院顶部，也飘扬着画家亲眼所见的三色旗。

《自由领导人民》最终被新政府收购，但仅在卢森堡宫做过短暂公展，之后的大部分时间被弃之仓库，原因是画作"太具煽动性和宣扬暴力"。直到 1874 年，《自由领导人民》才被卢浮宫收藏至今，并成为可与《蒙娜丽莎》比肩的法国国宝，激励着每一次为自由而战的革命。

安格尔与德拉克洛瓦的争斗延续了一生。处女座的安格尔病态地追求秩序感，喜好整洁，动不动

德拉克洛瓦的头像和他的《自由领导人民》被印在了法郎上

就用规则吓人，还有，自己永远正确！而金牛座的德拉克洛瓦表面随和骨子里固执己见，喜欢独辟蹊径，还有，深夜数钱最幸福！据一则花边新闻记载：两人曾同时出席了一场艺术家的聚会，安格尔突然冲到德拉克洛瓦面前，激动地喊道："素描！先生，素描是诚实的！素描代表荣耀！"他将手中的一杯咖啡劈头盖脸地泼向德拉克洛瓦，之后拂然离去。德拉克洛瓦环顾四周目瞪口呆的人们，自我解嘲地说了两句话："凡是天才都无容忍之心。心胸狭窄才是天才立世的条件。"太有风度了！也许，这就是天才对天才的惺惺相惜吧！

05

相惜相依
相争相离

相关博物馆及其收藏

哈佛大学艺术博物馆：《日本和尚》

阿姆斯特丹梵高博物馆：《悲惨世界》《黄房子》《高更的椅子》《画向日葵的人》

伦敦国家画廊：《向日葵》《梵高的椅子》

伦敦科陶德艺术学院：梵高割耳后《自画像》

纽约现代艺术博物馆：《星夜》

加入艺术"研习院"，
获本书作者在线答疑，
并与艺术发烧友交流。

梵高

VS

高更

要说艺术史上最短暂却又最激烈的艺术家的碰撞，非梵高和高更的"相爱相杀"莫属。这一场对决仅仅持续了62 天，可是结局比之前的都要惨烈。

文森特·梵高（Vincent van Gogh,1853-1890）1853 年 3 月生于荷兰小镇津德尔特，1890 年 7 月在法国瓦兹河畔自杀，年仅 37 岁。如果把普通人追求的爱情、事业、社会地位作为人生目标的话，梵高的人生之路可谓布满了荆棘，崎岖多艰，而他也从未停止抗争。

梵高的表姐科妮莉亚（Cornelia）和她 8 岁的儿子

先来看一看梵高的"爱情"。他一生总共投入了四场爱恋。初恋的对象是他在伦敦时房东的女儿，不过对方在第一时间就拒绝了梵高的示爱，并勒令他搬出租所。第二次堕入爱河时梵高迷恋上了守寡的表姐科妮莉亚（Cornelia "Kee" Vos-Stricker），但同样被对方断然拒绝。他的第三次恋爱发生在海牙，对方是当地一位叫作西恩（Clasina "Sien" Maria Hoornik）的妓女。梵高并没有嫌弃人到中年又怀有身孕的西恩，想用关爱打动并激励对方，但迫于亲友的反对和经济压力，两人同居一年后分道扬镳。第四段爱情的女主角是梵高的邻居玛尔格（Margot Begemann），她比梵高大 11 岁，是梵高一生中唯一真心爱过他的女人。由于双方家族的坚决反对，玛尔格竟然试图吞毒自尽，被抢救过后两人不得不黯然分

梵高为怀孕的西恩所画的素描《悲伤》

手。据说这场变故间接导致了梵高父亲的去世。

再来看一看梵高的"事业"。除去一些临时性的工作，梵高一生从事过三个行业。他的第一份工作是在他叔叔拥有股份的古比尔画行推销美术品，后因业绩平平而被辞退。也许是受到牧师父亲的影响，梵高的第二份工作是当社区牧师，被委派到比利时的矿区波里纳吉（Borinage）传教。在亲眼见证了一次矿难之后，他的信仰遭到了动摇，随后又被教会取消了牧师资格。自 1880 年起，梵高开始了绘画的尝试，并在直到 1890 年去世的十年之间，以极大的热情投入艺术创作，绘制了千余幅作品。其间，没有固定收入的梵高一直靠着弟弟提奥（Theo van Gogh）每月资助的 150 法郎度日，条件是他画作的所有权归属提奥。但终其一生，梵高只卖出了一幅名为《红色葡萄园》（The Red Vineyard）的作品。

最后我们来看一看梵高的"社交"。梵高表面上孤僻古怪、难以接近，内在里却有一颗极度敏感善良的"圣徒之心"。在矿区当牧师时，他把自己的所有收入都用于资助身边的穷人。钱花光了，就分发自己的衣服和物品，宁可睡草席、不吃饭，也要周济他人。最后他只能披着一条麻袋传教，被教会认为"有辱牧师尊严"，因而失去工作。他周围的人总是以世俗的眼光看待他，给他贴上"疯子""无所事事的怪人""靠弟弟养活的寄生虫"等标签。就连他

唯一真心爱过梵高的玛尔格

梵高的弟弟提奥，也是他的资助人

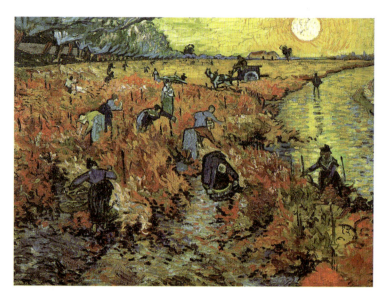

梵高生前唯一卖出的画作《红色葡萄园》

的父母亲属也不理解他，只有弟弟提奥不离不弃，一直给予他物质上和精神上的支持。梵高给提奥的六百余封私信，就成了后人了解其心路历程的最佳途径。

　　尽管命运多舛，梵高并没有怨天尤人地沉沦下去，恰恰相反，他终其一生都在倔强地追逐着自己的理想。没有接受过正规美术教育的梵高，从投身绘画时起就非常渴望得到专业人士的指导和鼓励。他曾经两天步行了 80 公里（没钱买火车票），去拜访一位作为美术爱好者的牧师，征求他对自己画作的意见。他曾如饥似渴地跟随自己的远房亲戚画家毛威（Anton Mauve）学习素描，而对方对他只有打击和否定。

在巴黎充满焦虑和动荡的那两年（1886-1888）也是不堪回首。一方面，梵高接触到了印象派、日本浮世绘等前所未见的作品，眼界大开，认识到自己过去的画风太过保守，一切都要推倒重来；另一方面，当他面对莫奈、德加、毕沙罗这一干"神"一般的人物时，又发现自己是那么人微言轻、格格不入。据一位女模特苏珊娜（Suzanne Valadon）回忆："在画家聚会时，梵高总是夹着画站在一边，希望被人关注或参与讨论。可是没人在意他，不久他只能独自离去。"

经历了巴黎的喧嚣与冷漠，1888年2月，35岁的梵高来到了艳阳高照的法国南部小镇阿尔（Arles）。他狂热地投入到工作中，绘画技法也日趋成熟。这时，一个激动人心的构想在梵高的头脑中逐渐形成：组建"南方画院"！他认为，要想得到认可，仅靠自己单打独斗是行不通的，必须找到志同道合的同行才能轰轰烈烈地成就一番事业。他第一个想要邀请的同行就是保罗·高更（Paul Gauguin，1848-1903）。

高更生于1848年，比梵高年长5岁。其母是秘鲁的名门之后，这或许给了他一种追求野性与自由的基因。他很小就去做水手，还参加过海军，游历了海外很多地方。他曾经是一位十分成功的股票经纪人，拥有富足的生活和美满的家庭。之后他狂热地爱上了绘画，结识了毕沙罗、

劳德累克（Henri de Toulouse-Lautrec）绘制的《巴黎时的梵高》

莫奈、塞尚等一大批印象派艺术家，还参加了印象派在巴黎举办的沙龙，并获得好评。1882年股票市场暴跌，高更决定辞去工作，抛家弃子，成了一名穷苦的职业画家。他不愿沿袭着印象派的老路，而是选择开拓自己的新风格。尽管他的艺术之路比梵高略为顺畅，不过由于画风过于前卫，作品也很少售出，因此生活变得愈发拮据。

梵高是在巴黎时认识高更的。他十分钦佩对方的画风，特别是当他向高更展示自己的画作时，高更还特别称赞了其中的一幅《向日葵》，梵高因此激动得久久不能平静。

梵高一方面把自己的计划告诉了弟弟提奥，请求他出钱资

高更曾称赞过这幅梵高的《向日葵》

梵高送给高更的《自画像》

助高更；另一方面则写信给高更，希望他支持自己的构想。其实高更从没把梵高看作是天才，梵高在信中毫不掩饰对他的崇拜，更使他自觉高人一等。此时的高更正为钱所困，比起"南方画院"的建议，他更加看重的是画商提奥的资助。尽管他在给梵高的回信中一口答应了对方的请求，可实际上却迟迟没有动身。

精神亢奋的梵高此时已经开始为新室友的到来而准备了。他们约定，作为合作的第一步，各寄一张《自画像》给对方，他们的缠斗也从此正式开始。

互赠画像惺惺相惜

（哈佛大学艺术博物馆：《日本和尚》/ 阿姆斯特丹梵高博物馆：《悲惨世界》）

这幅梵高寄给高更的《自画像》被他命名为《日本和尚》，现藏于哈佛大学艺术博物馆（Harvard Art Museums）。

梵高十分喜爱法国作家皮埃尔·洛蒂（Pierre Loti）的小说《菊子夫人》（Madame Chrysanthème），他在书中一位东方和尚（只是一个配角）的生活中寻找到了共鸣——在大自然中冥想，远离尘世的喧嚣，崇尚

日本版画家歌川广重的浮世绘作品
《龟户梅屋铺》（Plum Park in Kameido）

梵高效仿歌川广重所画的《梅花图》
（Flowering Plum Tree）

简朴的物质生活……一切都与他的现状相符。于是梵高在这幅《自画像》中把自己设计成日本和尚，原本的蓝眼珠在画中也变成了东方人的棕色。

其实日本一直是梵高向往的国度。第一眼见到阿尔的风景时，他就迷恋上了这个地方，因为这里使他仿佛置身日本。正如他在给弟弟提奥的信中所说的："这里的河水是绿色的，天空之蓝犹如日本木雕中的颜色……"与画友互换《自画像》，也是在仿效日本版画家们的习惯。而日本的浮世绘对于梵高的艺术影响更是空前巨大的。他曾在 1888 年 7 月 15 日的信中写道："我的全部作品，在某种意义上都是基于日本艺术。"他甚至发明了一个新词——"日本趣

les misérables
à l'ami Vincent
P Gauguin 88

高更送给梵高的《自画像》

味"（Japonaiserie）。

　　作为回应，高更也给梵高赠送了一幅《自画像》，现藏于阿姆斯特丹梵高博物馆（Van Gogh Museum）。

　　画中的高更阴郁地斜视着，表情中略带些"江湖气"，像是一个被流放的罪犯。其实，这正是高更刻意塑造的形象。在写给梵高的信中，他详细描述了此画的创意："面部就像冉·阿让一样坚毅，褴褛的衣衫遮不住他内心的高尚、温柔与热情。

红色的脸庞如发情期的动物，红眼圈代表了熔炉般的激情，灵感在呈现，隐喻像我们一样内心炙热的画家们。"

高更《自画像》中的伯纳德

冉·阿让是雨果小说《悲惨世界》（Les Misérables）中的主人公。他经历过穷困潦倒，也体验过显赫富贵，历尽苦难却始终保持着一颗正直善良之心。高更以冉·阿让自比，还在《自画像》右下角自己签名的上方写下画的名字：Les Misérables。

这幅与《悲惨世界》（直译为《悲惨的人》）同名的《自画像》以鲜花图案的墙纸为背景，好像是"少女的闺房"，被高更解释为"纯洁艺术"的象征。右上角悬挂着一幅人物的侧面画像。此人是高更的朋友埃米尔·伯纳德（Émile Bernard），一位比他小 20 岁的画家。高更十分敬重伯纳德（他也是梵高的朋友），他们在布列塔尼时住在一起。高更早期的画风很大程度上是受了伯纳德的影响。在伯纳德的一幅《自画像》中，背景也有高更的画像。

伯纳德《自画像》中的高更（右上角）

梵高执意邀请高更组建"南方画院"，除了敬仰对方之外，还有一个重要的原因，即两人在艺术观念上有很多相似之处：他们都希望脱离印象派的窠臼，都喜欢不经调配的纯色，还同样喜爱日本的浮世绘艺术。例如在这幅《自画像》中，高更就吸取了浮世绘的"图案化风格"。

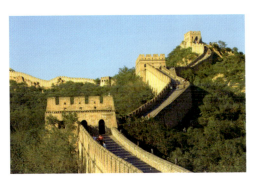

这张长城的照片"图案化"后，只剩下简单的线条，很多不必要的细节被过滤掉了，更具装饰性

所谓"图案化风格"，简单来说，就是把现实中的风景、人物简洁化，剔除不必要的细节，以增强画面的装饰效果。"图案化"的高更《自画像》给人的感觉像是简笔画，过于单薄。不过，在高更、梵高看来，这也正是艺术发展的新方向。

布置住所满怀期待

（阿姆斯特丹梵高博物馆：《黄房子》/ 伦敦国家画廊：《向日葵》）

为了迎接好友的到来，梵高以每月 15 法郎的价格租下了一套两层公寓。外墙是他最为钟爱的黄色，被他叫作"黄房子"。他还精心描绘了一幅小屋的油画，现也收藏在阿姆斯特丹梵

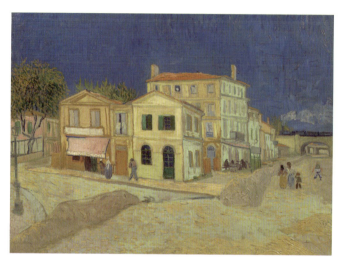

高博物馆里。

　　画中前排右手边的建筑就是梵高的"黄房子"，总共有四个房间。楼下是工作室和厨房，楼上右手边是客房，准备留给高更来住，左边是他自己的卧室。黄房子左边是一间餐厅，画家经常在此用餐②。画的右部背景处可以看到两座铁路桥，有火车正在开过③。

　　《黄房子》的艺术特色反映了日本浮世绘对梵高的影响。首先是在色彩方面，梵高运用了大量未经调配的纯色，色调以黄、蓝为主。他在信件中多次提到关于色彩的选择："顺利完成工作的关键，就是要确定别把黄色和蓝色（颜料）用完了"（1888年9月26日写给提奥的信）；"鲜艳的黄房子……（衬托以）天空强烈

黄房子在二战期间被盟军空袭后炸毁并拆除，但画中黄房子后面的四层楼建筑还保留着

的蓝色，才是我居住、呼吸、思考和作画的地方"（1888年9月写给妹妹维尔（Wil）的信）；"硫黄色的阳光和钴蓝色的天空，仍然是最难把握的主题，也正是我时刻想要征服的难关。因为它是那么的美轮美奂。那一抹烈日下房子的黄色，再配上无与伦比的饱和到极致的蓝色呀！"（1888年9月28日写给提奥的信）。黄色和蓝色的组合，在梵高的作品中历来与"平静""温暖""进取"相关联，《黄房子》厚重的笔触，也许正反映出梵高期待和高更共同生活、创作的迫切心情。

其次，在构图方面，《黄房子》也受到了浮世绘艺术平

比较梵高的《黄房子》和西涅克（Paul Signac）对同一处的描画，可以清楚地看出人物比例的不同

面化构图的影响，明媚阳光下的建筑与人物居然失去了以往西方绘画中常见的阴影和立体感，变得平面化了。此外，传统的浮世绘艺术采用了类似中国山水画中的散点透视（后期的很多浮世绘版画也引用了西方的透视法），这一点也被梵高借鉴了。他的画中不但没有光影，就连文艺复兴以来备受重视的透视法也不严格遵循，这使他画中人物的比例显得过大。

与《黄房子》相类似，梵高的《阿尔的卧室》（Bedroom in Arles）也是以黄、蓝作为主色调，家具都没有明显的阴影与明暗。画中至少有两处"比例失调"：一处是右边的床，床头是双人床，可是床尾的比例变窄了，像是单人床；另一处是左前方的椅子和右边的床不在一个水平面上，好像地板有一个下沉的弧面。这一切都显示了梵高受到东方艺术的启示，打破了以往画法的束缚，去寻求新的艺术表现形式。

梵高总共画过五幅不同版本的《阿尔的卧室》（其中三幅是油画），他在信中也至少提到此画 13 次。画中他描绘了两个枕头、两把椅子、两瓶水、两幅画像，甚至两扇门，而这间房屋只是他一人的卧室。这可能是因为梵高太过孤独，太希望有志同道合的画家陪伴了吧！

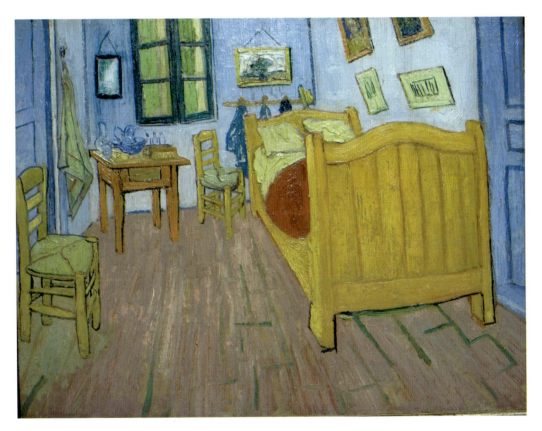

梵高在《阿尔的卧室》中描绘了黄房子二楼自己卧室的样子

　　梵高对高更的到来充满了渴望，决定用自己最出色的作品来装饰高更的卧室。他想起在巴黎时高更曾称赞过他画的《向日葵》，就决定再画一幅，来取悦自己心目中的"导师"。

　　之前他画的向日葵都是被剪断放在桌上的，而这一次他要把它们放在花瓶里。花瓶中的 15 朵向日葵处于不同的花期，有的含苞欲放，有的花开烂漫，有的则籽实累累。梵高用不同的花期来象征人生的不同阶段，其中籽实代表了将要收获的成果。他把 6 朵成熟结籽的向日葵布置在画作中间的醒目位置，显然对他们的未来充满期许。

　　画作中依然找不到"影子"。背景和桌面运用了与主景相同的黄色，这在静物画历史上极为罕见。梵高运用了深浅不同的黄色（他最喜爱的颜色）来象征阳光和幸福。1888 年的夏天的确是他一生当中少有的幸福时光，他满怀期待地忙碌着。画中所用的黄颜料是当时的新产品，叫作铬黄。1818 年之前，欧洲的画家使用的黄色颜料纯度都不高，最早使用雌黄矿石的粉末，属于剧毒，后来改用"印度黄"，也就是牛吃过杧果后小便浇过的块状颜料。19 世纪化工的进步带来了色彩更加明艳的铬黄，使梵高得以采用最纯的黄色来表达内心的激情。

梵高在巴黎时画的四幅《向日葵》

现藏于伦敦国家画廊的梵高名画《向日葵》

不过，据悉《向日葵》中的"黄"正在逐渐褪色，可能是其中的铅被氧化，也可能是贫困的画家选用了便宜的材料。

梵高总共画过 12 幅《向日葵》，带花瓶的有 7 幅（其中一幅二战中焚毁于日本神户）。伦敦国家画廊的这一幅是他本人最为看中的，被他用以装饰高更的房间，更在日后成了画家终身成就的"形象代言人"。

梵高在信中曾把向日葵称为"属于自己的花"，原因除了他喜爱黄色之外，还有宗教的象征寓意。梵高自小出生在一个新教牧师家庭，年轻时还做过牧师，"宗教情结"就如他对艺术的追求一样，根深蒂固，深植于心。由于新教不鼓励"圣像膜拜"，梵高很少有宗教题材的人物画，而多采用隐喻与象征的方法。《圣经》里将耶稣基督称为"世界之光"，太阳自然就是耶稣的象征，追逐阳光的向日葵也就成了"忠于信仰"的标志。梵高起初画了 12 朵向日葵，象征耶稣的 12 使徒（后来才加到 15 朵），他在给弟弟的信中多次提到了这一象征含义。梵高为"南方画院"买来了 12 把椅子，希望能有更多的画家加入。椅子的数目也暗含 12 使徒的宗教意味。而高更的椅子尤为特殊，是一把唯一带有扶手的核桃木座椅。梵高还为高更购买了一张核桃木的大床，竟然花费了 150 法郎，不知他要为此忍饥挨饿多少天。

梵高画的三幅花瓶中的向日葵

共同作画矛盾显现

（伦敦国家画廊：《梵高的椅子》/ 阿姆斯特丹梵高博物馆：《高更的椅子》）

高更终于来了，这一天是 1888 年 10 月 23 日。起初，两人的相处还很和谐，精打细算的高更负责两人的财务管理，他们还自己做饭，节省了不少开支。梵高丝毫没有掩饰他对高更的敬仰与崇拜，热切盼望着高更能给他艺术上的启迪，而高更则渐渐把他的热情视作理所应当。然而，高更并不喜爱阿尔，他听不懂本地的普罗旺斯方言，觉得这里平凡而死气沉沉。他的梦想之地是充满原始野性的大洋中的小岛，阿尔只是他攒足体力和资金的中转站。

两人第一次共同作画的地点是阿里斯康墓地（Alyscamps）。梵高的画中有秋天的林荫道、路边摆放的古石棺、远处的工厂，还有道路尽头的一座教堂。据梵高讲，教堂原本是被树木所遮挡的，被他在画中移动了位置。前景的色彩是他主观感受得来的，其他都基本忠于现实。

高更认为梵高的这幅画对现实的改动力度不够，简直就是毫无创意地模仿。于是，他就像老师一样亲自做起了示范。他画的《阿里斯康墓地》更加抽象和图案化，删除了真实场景中的石棺和工厂，两排树也变成了一排，还加入了并不存在的一条小河和变形了的钟楼。

梵高画的《阿里斯康墓地》

高更画的《阿里斯康墓地》

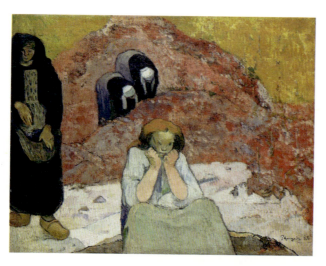

高更画的《悲惨人生》（Misères humaines）（又名《葡萄园》）

　　高更主张创作高于生活，要将自己头脑中的想象力和记忆元素天马行空地融入到画作之中。他时常一边拍着自己的脑袋，一边大声地对梵高吼道："用你的头脑作画！"高更在《悲惨人生》（Misères humaines）（又名《葡萄园》）这幅画中，把葡萄园抽象为两个红色小丘，中间有两位布列塔尼少女在劳作，前景坐着一位哀怨的女子，边上站立着黑衣人。他神秘兮兮地告诉梵高：黑衣人是哀怨女子未知的双胞姐妹，名字叫作"孤独"！（典出法国浪漫主义诗人缪赛（Alfred de Musset）的诗歌《十二月之夜》）。几句话把梵高感动得热泪盈眶，

梵高画的《红色葡萄园》

崇敬之情油然而生。而梵高在同一地点绘制的画作，还是依托于自然实景。

　　高更的绘画理论确实预示了未来艺术的发展方向，也影响了梵高。可他总是盛气凌人，交流起来总以批判梵高的作品为开端，原本就缺乏自信的梵高本能地展开反击，两人之间的火药味越来越浓。

梵高绘画时需要在自然中寻求灵感（类似中国儒家的"格物"），一旦让他忘却自然，他必定变得诚惶诚恐，不知所措起来。他可以忍受贫困孤独，唯一渴望的就是自己的艺术被人承认。而此时，经过高更的一番打击后，他感觉自己的创作再一次遭到了全盘否定。

表面上具有相同艺术理念的两位艺术家，在实际生活中存在着太多的不同。高更把生活安排得井然有序，梵高则杂乱无章。高更喜爱红色，梵高则厌红喜黄。高更喜欢慢条斯理地作画，梵高则时而疾风骤雨般在画布上涂抹，时而徘徊深思后又大吼大叫不知所云。高更 30 年创作的作品总数，也没有梵高最后 3 年的多。高更自大、冷漠、刻薄，梵高则敏感、固执、焦躁。而两人最不能调和的是，高更想攒够路费尽快走人，梵高却一厢情愿地挽留高更。

苦闷中的梵高创作出了一组作品《椅子》，其中《梵高的椅子》和《高更的椅子》很鲜明地反映了两人的不和谐。

为节约开支，梵高给自己买了最为廉价的座椅，造型简单、材料朴实，体现了梵高崇尚简约自然的个性。画作的整体色调还是他心仪的蓝色和黄色，光线是白天明朗的阳光。椅子上面摆放了一只烟斗和一包打开的烟丝，这是梵高在孤独时用来麻痹自己的，反映了他孤独的心境①。左侧背景中有一盆花芽初发的洋葱，象征着梵高对重新开始绘画事业的期许②。

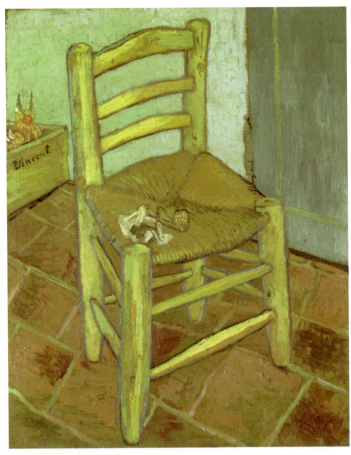

现藏于伦敦国家画廊的《梵高的椅子》

　　而高更的这一把扶手椅和梵高的相比可谓奢华，显示了高更在梵高心目中的领导地位。椅子上面摆放的书籍象征着高更的博学，一盏蜡烛更是把高更比喻为"指路明灯"。可蜡烛是倾斜着的，暗示了两人关系的不稳定。

　　梵高将此画的场景设定为夜晚，墙上是他专门为高更

现藏于阿姆斯特丹梵高博物馆的《高更的椅子》

梵高画的《夜间咖啡厅》

的到来所添置的煤气灯。梵高还一反常态地用蓝色画出了阴影，这是在他平静时期的画作中所没有的。椅子整体呈暗红色，背景则被涂成绿色，而这两种颜色都不是他喜欢的。他在给弟弟提奥讲解自己《夜间咖啡厅》一画时说过："我试图用红与绿来表达人类可怕的激情……它会使人毁灭，失去理智甚至走向罪恶……如同魔鬼的熔炉一般。"（1888 年 9 月 9 日）。《高更的椅子》中所使用的红色加绿色，也许正源于梵高潜意识中的不安定感，和对高更"人去椅空"的恐惧。

冲突升级惨然决裂

（阿姆斯特丹梵高博物馆：《画向日葵的人》/ 伦敦科陶德艺术学院：梵高割耳后《自画像》）

1888 年阿尔的冬天阴冷异常，暴雨不断。无法外出写生的两位画家不得不缩在狭小的斗室里谈论艺术，而这加剧了两人的争执。高更随后在给朋友的信中写道："梵高与我完全不相为谋，在绘画上的观点尤为不同。对他欣赏的杜比尼、齐耶姆和'伟大'的卢梭，我丝毫没有感觉。而我热爱的安格尔、拉斐尔和德加，他竟嗤之以鼻。为了平息争吵，我只得说：队长，您有理！"

特别是对保罗·塞尚（Paul Cézanne）的评价，两人意见完全相左。高更非常敬仰塞尚，在巴黎时曾像一个小学生一样跟在塞尚的身后不停地恳求教诲，而塞尚则始终保持沉默。高更私下里开玩笑说，应该给塞尚下点儿安眠药，好在他梦呓时偷学一些绘画的秘籍。这句话传到塞尚的耳朵里，塞尚就再也没有搭理过高更。梵高也见过塞尚，他羞答答地把自己的作品拿给对方，希望获得有益的建议。塞尚默默地一张张仔细看过之后，结结巴巴地就说了一句话："画这些画的人一定是个疯子！"这是梵高最害怕听到的，因为他的家族的确有精神病史，他父亲还计划要把他送到精神病院去。因此，就在高更大谈塞尚如何伟大之时，梵高断然喝道：塞尚是个骗子！

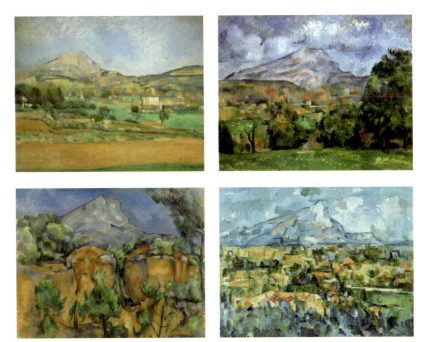

塞尚于 1880 年至 1904
年画的同一处风景，显
示了其间风格的变化

　　其实，只要我们翻开西方艺术史就可以发现，这三个人同时
继承了印象主义对绘画色彩的关注，又不约而同地以各自的方式反
对着传统印象派对自然实物的过分依赖，被后人称为后印象主义
（Post-Impressionism）三杰。

　　另一位两人为之争吵不休的是蒙提切利（Adolphe Monticelli），
他是同时代法国画家中偏年长的，以"厚涂法"而闻名。厚涂法
（Impasto）在意大利语中也称"面团"，顾名思义就是用很厚的颜
料涂抹在画布上，并在画布上形成鲜明的笔触。厚涂法对成就梵高的
绘画技法至关重要，但高更在私信中就言明："梵高尊崇蒙提切利的

厚涂法，这种无序的走笔是我最为厌恶的。"

两个人始终吵闹不休，最后高更永远以"队长，您有理！"来试图结束冲突。这是一句流行歌曲的歌词，可偏巧梵高不喜欢流行音乐，于是两人又再为"队长，您有理！"而争吵。

平心而论，这两位极具天赋的画家都是个性鲜明的。梵高不善交际，生活邋遢，还经常自言自语。即便是他最亲近的弟弟提奥也难以忍受和他在一起生活，曾写信给妹妹诉苦："……他体内有两个自我，一个极具天赋，细腻且富于爱心，另一个则是自私而暴烈……"高更同样因个性原因几乎众叛亲离，包括他一生钟爱的妻子和儿女。

高更提出要为梵高画一幅肖像，作为礼物送与提奥。其实他早生离意，计划在分手之前答谢对方。画的名字叫作《画向日葵的人》（The Painter of Sunflowers）。

蒙提切利的作品及其"厚涂法"细节

高更笔下的梵高，《画向日葵的人》，现藏于阿姆斯特丹梵高博物馆

　　画作右侧的梵高面带倦容，俯视下方，左侧肩膀到臂部处于画幅之外。画作左边有一丛摆放在蓝色花瓶中的向日葵，花朵正好完全遮挡住了梵高的画板，让人看不到他的画。是不是高更借此隐喻梵高始终无法脱离客观现实，缺乏艺术的创造？背景是一幅放大尺寸的画作，很可能是高更自己的作品《蓝树林》的一部分。是不是高更自以为是地暗示他给梵

《画向日葵的人》的背景很可能是《蓝树林》（右图）的一部分

高带来了启迪？由于两人都没有在信中提及相关内容，这些也只是凭空猜测罢了。

　　画中最为生动的是梵高持笔的右手。高更在晚年回忆梵高时，还专门提到过这双"白净而灵巧"的手。然而，梵高在第一眼看到这幅画时，脸上立即失去了笑容。他眉头紧锁，呼吸急促，一阵沉默后大声怒吼道："这就是我？疯了的我吗？"于是两人又爆发了前所未有的冲突。

　　当天用晚膳时，两人面对面坐在餐桌前，沉默不语。梵高忽然抄起面前的酒杯向高更砸去，高更灵巧地闪开，但被泼了一身酒。他一个箭步抱住梵高，把他扶到房间睡下。第二天梵高醒来时对前一天发生了什么浑然不知，只记得好像冒犯过高更。高更讲了事情经过后，表示自己要离开阿尔。梵高眼看自己的计划就要落空，无数心血付之东流，就像做了错事的孩子一样恳求高更留下。最终，在梵高反复的哭诉、哀求之下，高更才勉强答应暂留下来。

之后的时光变得死气沉沉，梵高的精神状态很不稳定。高更担心受到攻击而夜不能眠，经常在半梦半醒时突然见到梵高幽幽地立于自己床前，被吓出一身冷汗。高更在信中陈述了1888年12月23日的情况："我出门后梵高追上我说：你沉默，那我也沉默。"15年后，高更旧事重提时，情节则做了改动："……我转过身，看到梵高向我冲过来，手里握着一把剃刀。那一刻，我凝视他的眼神一定非常坚定有力，使他停下来，低着头，一会儿就转身走回屋里。"梵高回到房间之后就发生了众所皆知的惨剧：他割下了自己的左耳，又把它送给了本地妓院的一个女孩。

第二天，人们发现了他满身是血地晕倒在自己的房间，急忙把他送去医院。高更独自离开了阿尔，两人从此天各一方。

梵高割耳后的《自画像》，左图收藏于伦敦科陶德艺术学院，右图为私人收藏

梵高在医院内情绪始终不稳定，还不停地询问高更的行踪。一个月后，他逐渐恢复，并画了著名的割耳后的《自画像》。

由于梵高病重期间的记忆模糊，没有人真正知道那一晚究竟发生了什么（只有高更的一面之词），于是出现了各种各样的猜测。争论主要集中在两点：梵高是将整个左耳割下还是仅仅切了一点耳垂？他为什么要把左耳送与妓女？美国作家欧文·斯通（Irving Stone）在《梵高传——渴望生活》（Lust for Life）中写道：梵高结识的妓女曾多次开玩笑说，如果他没钱了就可以用耳朵当成嫖资。这部小说被好莱坞拍成电影，欧文·斯通的说法几乎成了这个问题的标准答案。

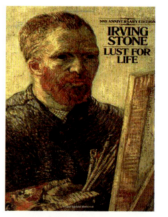

2016 年，一位居住在阿尔的爱尔兰女作家贝纳黛特·墨菲（Bernadette Murphy）出版了一本叫作《梵高的耳朵》（Van Gogh's Ear: The True Story）的新书，揭示了她耗时 7 年的研究成果。她好不容易找到了《渴望生活》的作者欧文·斯通的档案材料，发现欧文·斯通于 1930 年采访了当时唯一活在世上的当事人——为梵高处理伤口的雷伊医生（Félix Rey），并请医生亲手画出了梵高的耳伤图（现存梵高博物馆）。该图证实了被切掉的是梵高的整个左耳。

为了解开梵高把自己的残耳送给妓女之谜，贝纳黛特·墨菲居然找到了这位名叫佳布丽（Gabrielle）的阿尔

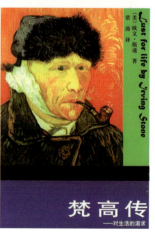

《梵高传——渴望生活》的中英文版本封面

雷伊医生画的梵高耳伤图

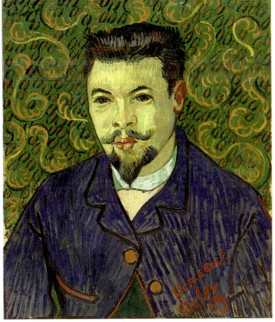

梵高为雷伊医生画的肖像

女孩的行踪。当时她只有 19 岁，是阿尔妓院的清洁工。梵高在巴黎时就曾遇到过她，她在巴黎短期停留期间被狗咬伤，在诊所接受治疗时跟梵高哭诉，担心自己以后会留下丑陋的伤疤（梵高在信中也曾提及此事）。梵高在病情发作时失去了理智，一切行为只受潜意识的控制。他充满宗教情结的"救赎"意识促使他把自己当作圣徒，要拿自己的身体去救助可怜的人。于是他把残耳献给了佳布丽，还说了一句《圣经》中的话："你会将我牢记心中。"

其实，梵高对艺术的追求何尝不是一场救赎。生活中接连不断的挫折更加坚定了他对耶稣基督的信仰，视终生受苦受难为替世人赎罪的正途。这也就解释了为什么梵高一生遇到了无数坎坷，可他却愈发执着地去进取。

踽踽独行终至巅峰

（纽约现代艺术博物馆：《星夜》）

梵高割耳后病情更加不稳，在周围人眼里是一个令人恐惧的疯子。最终，大家联名向市长请求将他关进精神病收容所。他被关在收容所总计一年零八天，病情严重时甚至失去了作画的自由。其间，他曾经返回黄房子寻找被封存的画作，发现很多画已经因雨季时房间漏水而被毁。厄运再一次将他打入谷底，可他仍然选择承受一切。在病情平稳时，他一面修复过去的作品，一面勤奋作画，完成了一百五十多幅油画和一百多幅素描。其中就有被后人奉为经典的《星夜》（The Starry Night），是纽约现代艺术博物馆（MOMA）的镇馆之宝。

这幅画创作于 1889 年 6 月，当时梵高寄身于阿尔附近的圣雷米收容所（Saint-Paul Asylum, Saint-Rémy），只能从带有铁栅栏的窗户眺望外面的景色。他曾画了多幅不同气候条件下的窗外风景写生，而《星夜》中的很多景物元素在那些图上根本找不到。也就是说，《星夜》的景色实际上不是看到的，它只存在于梵高的脑海中。梵高将一天中不同时段、不同天气的景物重叠整合，再加上自己的回忆与想象，最终完成此画。这种技巧不正是梵高曾经几度与高更争辩却又在暗中尝试的吗？可见他对高更依然存有敬仰之心。

　　《星夜》的下半部分是一座宁静的村舍，参差的房屋、零星的灯火、矗立的教堂、背景的丛林，这些应该源于画家对荷兰家乡的回忆。尽管受到自己大多数家族成员的嫌弃，遭遇挫折与委屈后的梵高还是止不住地想家了。《星夜》的上半部分是旋涡般流动的星空，全部出于梵高对自然的提炼和抽象，与下面的村舍一动一静相互呼应。画面左侧有一株

左图为梵高在家乡纽恩南时画的素描，与《星夜》中村舍的景象相似

纽约现代艺术博物馆的镇馆之宝、梵高的巅峰之作《星夜》

丝柏，广植于地中海国家的陵墓之间，通常是死亡的象征。也许画家想通过丝柏（死亡）来将村舍（人间）和星空（天堂）连接在一起。

　　这幅梵高最著名的作品其实也集中反映了他的艺术特点。首先是受到浮世绘风格的影响。除了鲜艳的色彩和富于装饰性的构图之外，天空中流动的旋涡依稀带有一幅浮世绘代表作——葛饰北斋的《神奈川冲浪里》（The Great Wave off Kanagawa）的影子。

　　其次，画中无论是村庄部分采用的短而直的线条，还是星空部分使用的长曲线，都运用了最为典型的厚涂法，笔触清晰，激情澎湃。关于这幅画，梵高在信中曾写道："我要画一幅夜晚的

葛饰北斋的《神奈川冲浪里》

《星夜》中厚涂法笔触清晰，激情澎湃

丝柏树⋯⋯在我的脑子里已经有了这幅作品：一个多星的夜晚，基督是蓝色的，天使是混杂的柠檬黄色。"这反映了梵高一以贯之的宗教情结。

1890 年 5 月，梵高离开阿尔的收容所，搬到了法国北部瓦兹河畔的小镇欧韦（Auvers-sur-Oise）。他的病情呈现出周期性，有时风平浪静，有时又焦躁不安，不变的是他依然疯狂地作画。

1890 年 7 月 27 日，瓦兹河畔的麦田里响起了一声沉闷的枪声——梵高冲自己的胸部开了一枪，之后挣扎着返回自己居住的阁楼⋯⋯梵高在自杀的四天之前还买来很多颜料，究竟是什么原因使他如此轻生？在精神病学不发达的过去，人们认为病因是被"魔鬼操纵了灵魂"，就连他的妈妈也在信中写道："这未尝不是一件好事，愿上帝带走他的灵魂⋯⋯"

即便是在当代，人们也很容易轻率地把梵高自杀的原因归
结为"他疯了"。然而，从梵高自杀前一段时间与提奥的
通信可知，此时提奥面临失业的威胁，新生儿又患重疾，
经济状况严重恶化，这使梵高无比焦虑，担心自己拖累弟
弟。通过牺牲自己来解脱弟弟，这也许才是有着圣徒之心
的梵高自我了断的根本原因。而且，从他那幅深邃而唯美
的《星夜》来看，在梵高的眼中，天堂有蓝色的基督，有
柠檬黄色的天使，那么通过丝柏（死亡）抵达星空（天堂），
又何尝不是理想的归宿。

　　梵高在世时无法得知《星夜》成了西方艺术经典的代
表，毕竟他和高更一样，尽管卖出的画作寥寥，生活困苦，
但他们并没有为了迎合大众口味而放弃艺术创新。从某种
角度来讲，梵高与高更正是新艺术先驱的代表，他们为艺
术献身，也为我们展示了艺术就是创造这一真谛。

梵高为提奥的新生儿、与他同名的小侄子画的一幅具有东方风格的《盛开的杏花》
（Almond Blossoms），寓意新生与希望

1987 年 3 月，梵高的《15 朵向日葵》（画家本人复制），以 2450 万美元的价格被日本的一家保险公司拍下，成为艺术拍卖市场具有划时代意义的事件，标志着现代艺术作品成为拍卖市场最耀眼的明星。生前不被理解和认可的梵高和高更，终于迎来了崭新的时代。

同年，梵高的《鸢尾花》（Irises）拍卖出了 5390 万美元的高价，现展于洛杉矶的盖提博物馆。

1989 年，梵高的《约瑟夫·罗林像》（Portrait of Joseph Roulin）再创新高，拍卖价 5800 万美元。罗林是梵高在阿尔的朋友，曾经帮过画家很多忙，是当地的一位邮差。

《15 朵向日葵》

《鸢尾花》

《约瑟夫·罗林像》

　　梵高给另一位朋友的画像——《嘉舍医师的画像》（Portrait of Dr. Gachet），1990 年拍卖价8250 万美元。嘉舍医生在梵高自杀前一直照顾他，他还是一位业余画家，与雷诺阿、库尔贝、莫奈、伯纳德等都有交情。

　　高更的作品也不示弱，《你何时结婚》（Quand te maries-tu）2015 年拍卖出了 3 亿美元的天价！

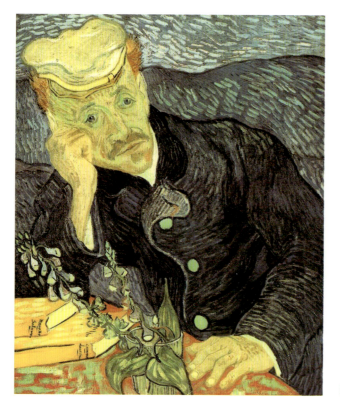

《嘉舍医师的画像》

《你何时结婚》

附：

梵高画得最多的两个题材

《自画像》

梵高自 1886 年至 1889 年间共创作了 41 幅《自画像》，其中油画为 37 幅。除了一幅作于 1888 年 8 月的全身像，其他都为半身像。由于没钱请模特，梵高只好对着镜子画自己。另外，他也将此作为审视和认识自己的途径。因此，欣赏梵高的众多《自画像》不仅能够了解他绘画技法的发展变化，也是了解画家思想状态的一个捷径。

初到巴黎时，梵高的画风还属于早期的"灰暗期"。也许是受到荷兰绘画传统的影响，这个阶段的《自画像》人物和背景都以深棕色为主，眼神中也透露出一丝无奈和困惑。

随着与巴黎印象派画家的接触与交流，梵高的画布变得明亮了，画面五彩缤纷，笔触充满活力十足，就连眼神也变得镇定而自信起来。

在接触到了法国点彩派画家修拉（Georges Seurat）的作品之后，梵高借鉴了用彩色圆点进行色彩过渡的技法，他的《自画像》中也出现了很多斑点。

点彩派画家修拉的作品《大碗岛上的一个星期日》

　　随着梵高对色彩认识的
逐步深入，圆点逐渐变成了
线条。《自画像》中人物的
面部和背景都出现了鲜艳的
平行线。

在他后期的《自画像》中，以往平行的线条变成了翻转的旋涡，极富动感和神秘感，眼神也变得空灵而深邃了许多。

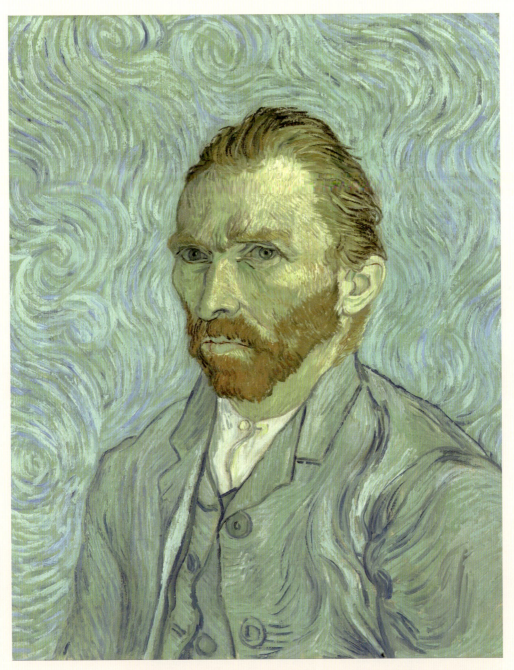

也许此时梵高的内心也已经超然物外，和他理想中的《星夜》
越来越接近了吧。

　　梵高曾经阐述过他对色彩的理解，认为黄色代表激情，蓝色代表冷静与安全感，而红色则意味着激烈冲突。他最不喜欢绿色，认为它代表了罪恶感和灾难。因此，他以黄色和蓝色为主的《自画像》往往是在他生活的相对平静期（或试图使自己平静下来时）创作的；而以红色、绿色为主色调时，大约他就处于躁动期了。

平静期的《自画像》

躁动期的《自画像》

梵高唯一的全身《自画像》

　　1889年9月，梵高绘制了最后一幅《自画像》。
他一改过去不修边幅的习惯，专门剃了须，梳理了
头发，眼神中也收敛了过去的执着与焦躁，流露出
无限的柔情。这一幅画是他送给妈妈的生日礼物。
此时，距他自杀仅有10个月。

《播种者》

    梵高一生最崇拜法国画家米勒（Jean-François Millet），最喜爱米勒的《播种者》。其实"播种者"的故事来源于《圣经》。在《路加福音》（路8.4）中，耶稣把传教比喻为播种："有的种子播在路旁，被人践踏，被鸟啄食，有的播在乱石岗、荆棘丛，种子一长出来就枯干了……而播撒在好土里的，则能结实百倍。"

    梵高曾如此评价米勒的《播种者》："在米勒的作品中，现实的形象同时具有象征的意义。"而所谓的"象征意义"，其实反映了梵高的宗教

米勒的《播种者》

梵高最初模仿米勒《播种者》的作品

情结。他把绘画当成对自己灵魂的救赎，就如同传播福音、播撒种子一样，经历无数失败后依然初衷不改，相信一定会有种子播撒在好土上。

他仿照米勒的原作画过三十余幅《播种者》，数目仅次于《自画像》。充满希望时，他的《播种者》将种子播撒在广阔的农田上，画作色彩也十分鲜艳（如下图）。失望时，《播

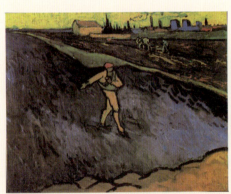

种者》变得色彩暗淡，甚至将种子撒在杂树丛中（如上图）。

　　梵高的宗教情结在《有〈圣经〉的静物》表现得更加明显。
1885 年，他跟父亲因为对个人事业和信仰的看法不同而经
常冲突，不久父亲病故，他陷入深深的自责，10 月就画了这
幅《有〈圣经〉的静物》来寄以哀思。

　　画中翻开的《圣经》隐约可以看出是《旧约·以赛亚书》

第 53 章的一页，讲述先知以赛亚预言即将到来的救世主是什么样子："他被人藐视、厌弃，没人尊重他……（可正足）因为他受的鞭挞和刑罚，我们才得以医治。"这句话好像是梵高经历苦痛后的自我安慰，也仿佛是在与父亲争辩，更像是一则预言——在他去世一百多年后，他伟大的艺术作品成为医治心灵的良药。

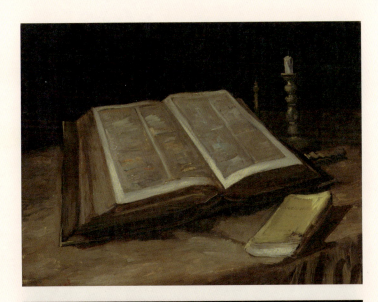

《有〈圣经〉的静物》

《有〈圣经〉的静物》中标注章节的细节

扫码加入艺术爱好者交流圈，
获取本书专属服务：高清名
画细节详解，世界博物馆旅
游攻略私人定制，艺术"老
炮儿"姜松在线答疑。